रामकृष्ण परमहंस

कुछ प्रमुख जीवनियाँ

ईश्वरचंद्र विद्यासागर
नेपोलियन बोनापार्ट
चंद्रशेखर आजाद
लाला हरदयाल
समाज सुधारक राजा राममोहन राय
आनंदमूर्ति
बेंजामिन फ्रैंकलिन की आत्मकथा
जगदीशचंद्र बसु
लोकमाता अहिल्याबाई
लोकमान्य बाल गंगाधर तिलक
लियोनार्दो द विंची
शिखर भारतीय महिलाएँ
मैडम भीखाजी कामा
प्रथम अंतरिक्ष यात्री यूरी गागरिन
लियो टॉलस्टॉय
आचार्य विनोबा भावे
स्वामी रामदेव
आर्यभट
अन्ना हजारे
नेल्सन मंडेला
महर्षि अरविंद घोष
कस्तूरबा गांधी
कर्नल जिम कॉर्बेट
मौलाना अबुल कलाम आजाद
होमी जहाँगीर भाभा
नेताजी सुभाषचंद्र बोस
भगिनी निवेदिता
भारत कोकिला सरोजिनी नायडू
स्टीफन हॉकिंग
गोपाल कृष्ण गोखले
रवींद्रनाथ टैगोर
स्वामी दयानंद सरस्वती
बिपिनचंद्र पाल
निकोलस कॉपरनिकस
बिरसा मुंडा

रामकृष्ण परमहंस

प्रदीप पंडित

प्रभात
प्रकाशन

प्रकाशक

प्रभात प्रकाशन प्रा. लि.

4/19 आसफ अली रोड, नई दिल्ली–110002

फोन : 011–23289777 • हेल्पलाइन नं. : 7827007777

इ–मेल : prabhatbooks@gmail.com ❖ वेब ठिकाना : www.prabhatbooks.com

संस्करण

2025

पेपरबैक मूल्य

दो सौ पचास रुपए

मुद्रक

नरुला प्रिंटर्स, दिल्ली

RAMAKRISHNA PARAMHANS

A biography by Shri Pradeep Pandit

Published by **PRABHAT PRAKASHAN PVT. LTD.**

4/19 Asaf Ali Road, New Delhi-110002

ISBN 978-93-5048-343-5

₹ 250.00 (PB)

आरंभ

गंगा आज भी वैसी ही बह रही है जैसी कलकत्ता की बसावट के समय बह रही थी। ऐसी ही निश्छल और अनुरागी। उसके किनारे बसा बेलूर मठ अब भी अपने परमहंसी स्वरूप में। रामकृष्ण का कमरा, उनकी चारपाई सबकुछ वैसा ही है जैसा कभी था। नहीं है तो रामकृष्ण की वह देह, जिसके जरिए उन्होंने अध्यात्म के अनेक अभ्यास किए और संसार को प्रायोगिक भक्ति की प्रामाणिकता से अवगत कराया। परमहंस के पहले और बाद में भक्ति सिर्फ याचक की याचना से ज्यादा नहीं रही; लेकिन रामकृष्ण ने भक्ति के शाब्दिक कायांतरण के प्रमाण उजागर किए। भक्ति के उनके प्रयोगों की दुनिया शब्द, अर्थ, ध्वनि के आकाशों से घिरी हुई दुनिया है, जिसकी शुरुआत रामकृष्ण अपने स्कूली जीवन में कर चुके थे।

भक्ति एक भाव है, स्थिति है, इसलिए उसमें गणित नहीं होता। होता है तो सिर्फ भरोसा। रामकृष्ण जीवन भर जीवन के गणित में कमजोर रहे। ऐसा मनुष्य, जो जीवन को पूरी एक त्रिज्या में देख लेता है, उसका अंकगणित से रिश्ता बन ही नहीं पाता। रामकृष्ण अपने स्कूली जीवन में भी गणित में कमजोर थे। उस समय भी वे धार्मिक या धर्म पर बोलनेवाले संतों, महात्माओं को सुनते और अपने दोस्तों को

ठीक वैसा ही सुनाकर चकित कर देते। उन्हें रास आता था सिर्फ अध्यात्म का रास्ता। इसलिए कहीं रामकृष्ण कुंडली की तरह गुँथे हुए और कहीं तारामंडल की तरह नजर आते हैं। जब वे विवेकानंद (उस समय के नरेंद्र) से कहते हैं—'हाँ, मैंने ईश्वर को वैसा ही देखा है जैसे मैं तुम्हें देख रहा हूँ' तो इसके भीतर एक जरूरी अहसास, अनुभव और प्रत्यक्षीकरण (परसेप्शन) है। प्रश्न तो विवेकानंद देवेंद्रनाथ से भी यही पूछ चुके थे कि क्या आपने ईश्वर देखा है, लेकिन उत्तर सिर्फ रामकृष्ण ने दिया।

तैत्तिरीय उपनिषद् कहता है—'मैं होने से पहले हुआ हूँ और मुझमें ही अमरत्व बहता है।' यह वही बात है, जो कृष्ण ने 'गीता' में कही—'अक्षराणां कारोस्मि द्वन्द्वः समासिकस्य च।'

तुलसी ने उत्तरकांड के आरंभ में कहा, 'सोऽहमस्मि इतिवृक्ति अखण्डा।' यह ध्यान के प्रयोगों के बाद की स्थिति है। रामकृष्ण की पूरी जीवन-यात्रा इस लौकिक जगत् को अतार्किक और अबूझ जगत् से निःशब्द जोड़ने की यात्रा है। इसलिए उन पर कुछ भी नया नहीं लिखा जा सकता। इसलिए भी कि मनुष्य की कोई भी यात्रा अभी और सिर्फ आज से शुरू नहीं होती। अल्टामिरा की गुफाओं के भित्ति चित्र २५ हजार वर्ष पुराने हैं और उनके रंग मद्धिम नहीं पड़े; जबकि आज भी रसायनशास्त्र रंगों की ऐसी कीमिया विकसित नहीं कर पाया, जिससे वे हलके न पड़ें। आखिर क्यों रामकृष्ण को रंगों ने प्रभावित क़िया और उन्होंने पेंटिंग सीखी थी? क्यों उन्होंने भक्ति के अपने प्रयोगों में 'अल्लाह' को भी शामिल किया था? इसलिए कि वे भाषिक तौर पर अस्तित्व के भेद नहीं करते, बल्कि उसे भाव के स्तर पर एक ही मानते हैं।

केशवचंद्र सेन ब्राह्मसमाज की महत्त्वपूर्ण धुरी रहे एक महत्त्वपूर्ण

विद्वान् माने गए हैं। उन्होंने और रोम्याँ रोलाँ ने भी कहा कि वे रामकृष्ण के शिष्य नहीं थे। हाँ, उन अर्थों में शायद शिष्य नहीं थे जिन अर्थों में शिष्यत्व को देखा जाता है। बावजूद इसके रामकृष्ण को उनके प्रति अगाध स्नेह, उनकी बीमारी के समय 'माँ' को नैवेद्य और आँसुओं से भीगे हुए उनके स्वस्थ होने की कामना, उनके न आने पर लगातार उनका पूछना क्या दरशाता है? इसके अलावा वर्ष १८८० से पहले, यानी रामकृष्ण से मिलने से पहले केशवचंद्र सेन का विश्वास धर्मों की संगति पर नहीं था। उनके 'नव-ईश्वरीय' विचार भी रामकृष्ण की ही देन थे।

रामकृष्ण को समझते हुए हमें उनकी सगुण-निर्गुण भक्ति, अद्वैत वेदांत, इन सारे संदर्भों को ध्यान में रखना होगा। कोशिश है कि समकालीन विचारकों और धर्म-कर्मियों में रामकृष्ण क्यों इतने अनूठे और प्रीतिकर लगते हैं, इस पर हम सब विचारें। भगवान् रामकृष्ण को समझने में यह पुस्तक आपकी मदद करे, रामकृष्ण से यही प्रार्थना है।

—प्रदीप पंडित

अनुक्रम

१

बचपन

मार्शल मेकलूहान का एक प्रसिद्ध वाक्य है—'द मीडियम इज मेसेज'—माध्यम ही संदेश है। यही वजह है कि भाषा के बजाय भाव या आंगिक भाषा ने ज्यादा बेहतर कहा। यही कारण है कि आत्मा के उतरने के संदर्भ को मानने वालों का मत है कि परम आत्माएँ कहीं भी कैसे भी नहीं उतरतीं। वे तयशुदा दंपतियों में उतरती हैं। यही वजह है कि कृष्ण, राम, नानक, महावीर, बुद्ध या रामकृष्ण फिर-फिर नहीं हुए। बंगाल के हुगली जिले के कामारपुकुर गाँव में १८ फरवरी, १८३६ की सुबह ५ बजकर १५ मिनट पर रामकृष्ण का जन्म हुआ। उनके पिता खुदीराम और माता चंद्रदेवी १८१४ में ही कामारपुकुर आए और फिर वहीं बस गए। तब कामारपुकुर में चावल के ढेर सारे खेत थे, ताड़ के पेड़ और झीलें थीं। एक राजमार्ग था, जिससे तीर्थयात्री जगन्नाथपुरी जाते थे। गाँव की शांत वादी उत्सव-प्रिय थी।

अपने माता-पिता के बारे में स्वामी रामकृष्ण ने एक बार कहा, ''मेरी माँ चंद्रदेवी विनम्रता और साधुता की प्रतिमूर्ति थीं। हालाँकि वे दुनियादारी के बारे में कुछ नहीं जानती थीं, मगर उनके मन में जो आता,

बेलौस उसे कह डालतीं। उनके खुले दिल की वजह से लोग उन्हें बेहद चाहते थे। मेरे पिता परंपरावादी कट्टर ब्राह्मण थे। वे शूद्रों से उपहार तक नहीं लेते थे। उनका अधिकांश समय पूजा-अर्चना, ध्यान और भजन में बीतता। जब वे भगवती गायत्री के भजन गाते तो इतने भाव-विभोर हो जाते कि आँसुओं की धारा बह निकलती। आँसू रोके न रुकते। बचा हुआ वक्त वे कुलदेवता रघुवीर के लिए मालाएँ बनाने में लगाते।''

रामकृष्ण के पूर्वज, यानी दादा मणिकराम चट्टोपाध्याय देरेईपुर में रहते थे। यह कामारपुकुर के पास ही है, हुगली जिले में। माणिकराम के परिवारी कई पीढ़ियों से देरेईपुर में ही रहते आए। इनका उपनाम चट्टोपाध्याय था, मगर कहते सब चटर्जी ही थे। पूरा परिवार पुराने कट्टरपंथी ब्राह्मण परिवारों की तरह था, आस्था से लबालब और जरूरतमंदों के लिए हरदम तैयार। माणिकराम के पास करीब ५० एकड़ जमीन थी, मगर उन्हें रत्ती भर गुरूर नहीं था। वे अत्यंत विनम्र और सादगी-पसंद इनसान थे। वे अपनी आमदनी में आसानी से अपने परिवार का खर्च चला लेते। इतना ही नहीं, आवश्यकतानुसार पास-पड़ोस की मदद भी करते रहते। इससे पूरे गाँव में चटर्जी परिवार का सम्मान था; मगर यह ताकत से हासिल किया गया सम्मान नहीं था। सन् १७७५ में रामकृष्ण के पिता खुदीराम का जन्म हुआ। इनके दो भाई और एक बहन भी थी। इन सभी की शिक्षा-दीक्षा पास के गाँव की पाठशाला में हुई। आस-पास की आत्मीयता से वह घर सिर्फ चटर्जी परिवार का ही नहीं था, बल्कि पूरे गाँव का घर था। खुदीराम चौबीस बरस के थे, तब उनका विवाह उनकी तरह की धर्मनिष्ठ और आस्थावादी चंद्रदेवी से सन् १७४९ में हुआ। पिता माणिकराम के न रहने पर घर की जिम्मेदारी और प्रतिष्ठार्जन का बोझ खुदीराम पर आ गया। खुदीराम

की न्यायप्रियता, साधुता, ईमानदारी, विनम्रता और धर्मपरायणता ने जल्दी ही उन्हें उनके पिता की तरह लोकप्रिय बना दिया। घर और बाहर की जिम्मेदारी को वे अनायास ही सँभालने लगे।

पारिवारिक दायित्व सिर्फ आर्थिक उपार्जन से ही पूरे नहीं होते। उनमें निर्भरता का जरूरी सूत्र होता है। सभी एक-दूसरे पर निर्भर होकर निर्भार हो जाते हैं। परिवार के मुखिया का यह कर्तव्य होता है कि वह सभी को परस्पर निर्भर रखे, ताकि वे जीवन के किसी भी क्षण में अपने कंधे को झुका हुआ न मानें। इस काम में उनकी अर्द्धांगिनी चंद्रदेवी पूरी तरह से उनके साथ होतीं। परिवारी उन्हें 'चंद्रा' के नाम से पुकारते। चंद्रा एक समर्पित पत्नी थीं। उनके पति खुदी राम के हर निर्णय में उनका पूरा यकीन होता। खुदीराम आस्थावादी थे तो वे आस्था की प्रतिमूर्ति। उनकी विनयशीलता ने जल्दी ही उन्हें सारे गाँव की माँ बना दिया। किसी भी तरह की तकलीफ हो, लोग निःसंकोच चंद्रदेवी के पास जाते और उनसे परामर्श लिया करते। महिलाएँ तो मानती ही थीं कि ऐसी निस्स्वार्थ राय सिर्फ किस्सों में ही मिला करती है। विवाह के नौ बरस बाद चंद्रदेवी के घर पहली संतान हुई। उसका नाम रखा गया रामकुमार।

जीवन वर्तुल होता है। उसकी गति कभी एकसी नहीं रहती। खुदीराम के घर पर भी समय एक जैसा नहीं रहा। वह सिर्फ उजियारे के साथ ही तो नहीं रहता। वर्ष १८१४ में खुदीराम को दुर्भाग्य ने घेरा। गाँव में एक जमींदार हुआ करता था, जैसे कि जमींदार होते रहे हैं। उसका नाम था रामानंद। एक मामले में रामानंद को खुदीराम की गवाही की जरूरत थी। उसे मालूम था कि खुदीराम गवाही दे देंगे तो मामला उसके हक में हो जाएगा; फिर खुदीराम का व्यक्तित्व इतना विशाल था कि उनकी गवाही पर किसी को संदेह भी नहीं होता। यही सब सोचकर

जमींदार ने खुदीराम पर दबाव बनाया। कुल जमा वह एक झूठी गवाही का मामला था।

पहले उसने खबर भेजी। खुदीराम समझ गए कि जमींदार चाहता क्या है! वे ईश्वरभक्त तो थे ही। इसलिए कतई नहीं चाहते थे कि उनकी गवाही से किसी का प्रारब्ध बिगड़ जाए। बने भले न, कम-से-कम बिगड़े तो नहीं। आरंभ में तो वे टाल-मटोल करते रहे। वे जानते थे कि उनके मना करने पर जमींदार रामानंद का कहर उन पर टूट पड़ेगा। हो सकता है, वह उनके साथ ही उनके आस-पास के परिवारियों को भी क्षति पहुँचाए। काफी ऊहापोह के बाद आखिर खुदीराम ने तय किया कि जैसा प्रभु रखें वैसा रहना ही ठीक। उन्होंने जमींदार को गवाही देने से इनकार कर दिया। नतीजा वैसा ही होना था जैसा खुदीराम ने सोचा था। रामानंद ने इसे अपने निजी अपमान का सवाल बना लिया। उसने गाँठ बाँध ली कि अब इस ब्राह्मण को सबक सिखाया जाए। जल्दी ही उसने जोड़-तोड़ के गणित बिठा और खुदीराम के खिलाफ ढेर सारे झूठे आरोप इकट्ठा कर लिये। नतीजतन, जमींदार ने खुदीराम की पैतृक संपत्ति हड़प ली। इतना ही नहीं, देरेईपुर के जिस घर में वे रहते थे, वह भी उनसे छिन गया। ऐसे में उनके पास कोई विकल्प नहीं था, सिवा इसके कि वे पीढ़ियों से रह रहे इस गाँव को अब छोड़ दें। जमींदार ने उनके करने के लिए गाँव में कुछ छोड़ा भी नहीं था, फिर भी उनका विश्वास रघुवर से डिगा नहीं। वे और-और पूजा में लग गए। उनके दोनों भाइयों ने ससुरालियों में जगह पा ली। सिर्फ खुदीराम और उनका परिवार ही रह गया। ऐसे में उनके एक दोस्त सुखलाल गोस्वामी ने उन्हें कामारपुकुर में आकर रहने का न्यौता दिया। सुखलाल का कहना था कि अब वह गाँव रहने लायक नहीं रह गया है। आप सपरिवार यहीं आकर नया घर बनाएँ और जीवन

की नई शुरुआत करें।

कामारपुकुर बंगाल का शांत गाँव था, मगर पहले आज जैसे विकासशील गाँव भी नहीं थे। उनकी अपनी दिक्कतें थीं। मलेरिया और दूसरी बीमारियों ने बंगाल के गाँवों को जकड़ रखा था। कामारपुकुर में भी इन सब बीमारियों का प्रकोप था; मगर गाँव के जमींदार सुखलाल गोस्वामी बेहद विनम्र और सदाशयी व्यक्ति थे। उनकी गाँव के प्रति निष्ठा, प्रतिबद्धता और प्रेम की वजह से सभी मिल-जुलकर स्थितियों से जूझ लेते। उन्होंने ही खुदीराम को अपने गाँव बुलाया और अपनी ही कोठी के एक हिस्से में रहने लायक जगह दे दी; मगर उनकी जीवन-संध्या जल्दी ही आ गई। वर्ष १८२४ में वे चल बसे। उनके परिवारियों पर कई और मुसीबतें टूटीं और वे पैतृक संपत्ति को बचा नहीं पाए। उन्होंने उसे लाहा परिवारियों को बेच दिया। आज तक वह उन्हीं के वंशजों के पास है।

करीब उनतालीस बरस की उम्र में खुदीराम ने अपनी चार वर्षीया बेटी, एक बेटे और पत्नी चंद्रा के साथ नए घर की नींव रखी। समाज का बढ़ता दोहरापन, स्वार्थपरता ने उन्हें पहले ही हिला रखा था; मगर गाँव ने उन्हें हाथो-हाथ लिया। उनकी ईश्वरभक्ति और उसपर अटूट श्रद्धा दिनोदिन बढ़ती गई। उन्हें अचानक तब छत मिल गई, जब वे छाँह का भरोसा भी खोने लगे थे। इसी वजह से वे भगवान् राम की पूजा-अर्चना और ध्यान में ज्यादा समय बिताने लगे। खुदीराम को केवल रहने की जगह ही नहीं, करीब आधा एकड़ जमीन भी मिली थी। जमीन बेहद उर्वरा थी। सारे-सारे दिन की उपासना के बाद भी खुदीराम बहुत थोड़े से प्रयास से उस जमीन से काफी कुछ हासिल कर लेते।

एक दिन की बात है। खुदीराम अपने किसी काम से पास के गाँव में गए थे। लौटने में देर हो गई और वे थक भी गए, तो उन्होंने एक

पेड़ की छाँह तले थोड़ी देर सुस्ताने का मन बनाया। वे बैठे ही थे कि पीछे टिकते ही उनकी आँख लग गई। उन्हें सपना आया उनके इष्टदेव रघुवीर का! पीत वस्त्रधारी, युवा, तेजपुंज रघुवीर! उन्होंने खुदीराम से कहा, 'मैं यहाँ बहुत दिनों से हूँ। परेशान हो रहा हूँ। तुम मुझे अपने घर ले चलो।' खुदीराम ने कहा, 'हे विश्वदेवता! मैं बहुत गरीब ब्राह्मण हूँ। आपका पुजारी हूँ, मगर इतने अभावों से भरे घर में आपको प्रतिष्ठित करने का सोच भी कैसे सकता हूँ।' मगर रघुवीर का निर्देश था। आँख खुली और सपने में रघुवीर ने जो जगह बताई, वह उसी पेड़ से कुछ दूर थी। खुदीराम ने जमीन खोदकर रघुवीर को निकाला; मगर जैसे ही प्रतिमा उभरी, उस पर एक काला नाग भी था। मगर खुदीराम को उसने देखकर भी फुफकारा नहीं। वह चुपचाप फन को एक ओर करके चला गया।

घर में रघुवीर के बिराजते ही खुदीराम की प्रतिष्ठा कामारपुकुर ही नहीं, आस-पास के गाँवों में भी एकाएक बढ़ गई। लोग उनकी आत्मीयता और प्रभु-प्रेम की चर्चा करने लगे। कई तो उनके आशीर्वाद के लिए भी लालायित रहने लगे। इतना ही नहीं, वे जब घर के पास ही नहाने जाते तो लोग रुक जाते। खुदीराम के स्नान से पहले कोई पानी में नहीं उतरता। उनकी पत्नी चंद्रा ने भी खूब प्रतिष्ठा अर्जित की। गरीब और भिक्षा पर जीवन व्यतीत करनेवाले भी समझ चुके थे कि जब तक थोड़ा भी इस घर में है, चंद्रा उसे बाँटकर ही संतोष पाएगी।

कामारपुकुर में करीब ६ बरस रहते हुए खुदीराम ने अपने बेटे रामकुमार और बिटिया का विवाह कर दिया। तब तक चटर्जी परिवार थोड़ा संपन्न हो गया। खुदीराम का हाथ बँटाने के लिए उनका बेटा रामकुमार तैयार हो गया। आज भी गाँवों में रामकुमार की परा शक्तियों के चर्चे हैं। उसने अपनी पत्नी के बारे में भी कह दिया था कि पहले

बच्चे के जन्म के साथ ही इसकी मृत्यु हो जाएगी। विवाह के कई बरस वह निस्संतान रहीं, लेकिन उम्र के पैंतीसवें वसंत में उन्होंने एक बेटे को जन्म दिया और चल बसीं। रामकुमार के जिम्मेदारियों को सँभाल लेने के बाद खुदीराम मुक्त हो गए। इसी वजह से १८२४ में उन्होंने तीर्थाटन करना शुरू कर दिया।

पहले वे रामेश्वरम गए। पूरे पंद्रह सौ मील की यह यात्रा खुदीराम ने पैदल चलकर एक वर्ष में पूरी की। वर्ष १८२६ में खुदीराम को एक और बेटा हुआ, जिसका नाम रामेश्वर रखा गया, फिर करीब ग्यारह बरस बाद, यानी १८३५ में वे गया गए। इस बार भी उन्होंने यात्रा पैदल ही पूरी की। गया में वे करीब एक माह रुके। वहाँ उन्होंने विष्णु या गदाधर के सामने अपने पितरों का तर्पण किया। उन्हें लगा, जैसे सारे पितृ-पुरुष उन्हें आशीर्वाद दे रहे हैं। उसी रात उन्होंने एक सपना देखा। सपने में वे फिर उसी जगह ले जाए गए, जहाँ उन्होंने पितरों का तर्पण किया था। उन्होंने देखा कि सभी पितृ-पुरुष वहाँ आए हुए हैं। सभी प्रसन्न और आशीर्वादी मुद्रा में। तभी उन्होंने उस कमरे में प्रकाश फैलता देखा। एक सिंहासन पर कोई दिव्य पुरुष विराजमान है। उन्होंने खुदीराम को संबोधित किया, 'मैं तुम्हारी भक्ति से अति प्रसन्न हूँ। मैं गरीब और त्रस्त लोगों की खातिर बार-बार जन्म लेता हूँ। इस बार मैं तुम्हारे घर में आना चाहता हूँ।'

दूसरी ओर उनकी पत्नी कामारपुकुर में एक शिव मंदिर में थीं। उन्हें भी इसी तरह की दिव्य प्रतीति हुई। लगा जैसे एक ज्योति-पुंज अभी उभरा और उनमें उतर गया। वे जान गईं कि कोई अलौकिक विभूति अवतरित होना चाहती है, मगर समझना तो बाद में हुआ। पहले तो तेज ज्योति के वलय को देखते हुए वे लगभग बेहोश हो गईं। साथ गईं स्त्रियाँ ही उन्हें होश में लाईं। खुदीराम तब तक ६० बरस के हो

चुके थे। तीर्थाटन से लौटे तो उन्होंने चंद्रा में कई परिवर्तन देखे। पहले वे जितनी विनम्र और सदाशयी थीं, उससे कहीं ज्यादा वे इस बार दिखीं। उनका मददगार मन कहीं भी ढुलकता दिखाई देने लगा। उन्होंने शिव मंदिर में हुए अपने अनुभव को खुदीराम को बताया। वे भाव-विभोर हो गए। उन्होंने भी गया में हुए अपने स्वप्न उन्हें बताए और चेताया कि इस सबको किसी को न बताओ। हमारे घर जल्दी ही एक दिव्य विभूति अवतरित होने वाली है।

फिर तो माँ चंद्रा को अनेक अनुभव होते रहे। कभी रुनझुन तो कभी आवाज, कभी चलने की प्रतीति तो कभी कुछ। खुदीराम का गला इन सब बातों पर रुँधसा जाता। १८ फरवरी, १८३६ की सुबह वह घड़ी आ गई, जिसकी प्रतीक्षा में खुदीराम थे। जबरदस्त सर्दी से मौसम ने निजात दे दी थी। वसंत से प्रकृति लहकने लगी। पंछियों के गान में उल्लासी कलरव लौटा और फूलों में नई खुशबू। जैसे सारी प्रकृति इस नए अवतरण को प्रणाम कर रही हो। तत्काल ही खुदीराम ने ज्योतिषियों से संपर्क किया उन्होंने बताया कि नया बच्चा पुनीत अवसर पर आया है। उसमें दिव्य गुण होंगे और उसके भविष्य से ही मानव जाति का भविष्य जुड़ा होगा। खुदीराम बेहद प्रसन्न हुए। उन्होंने गया के अपने अनुभवों के आधार पर बालक का नाम रखा गदाधर। यही रामकृष्ण का बचपन का नाम था।

कुछ बच्चे अपने जन्म के समय से ही इतने विलक्षण होते हैं कि अनुपस्थिति भी उनकी उपस्थिति की तुलना में कमजोर नहीं होती। जल्दी ही गदाधर परिवार के अलावा आस-पास का भी प्रिय भाजन हो गया। बचपन से ही गदाधर कुशाग्र बुद्धि था। एक बार वह कुछ सुन ले, फिर तो उसे जस-का-तस सुना देता। चाहे वे पौराणिक कथाएँ हों या महाकाव्यों के अंश। दुरूहतम विषय भी गदाधर को याद हो आते।

मगर शैशव में माँ चंद्रा गदाधर की लीलाओं से बेहद चिंतित रहा करतीं। जब वे गदाधर को गोद में लेतीं, कभी तो वह एकदम हलका-फुलका बच्चा हो जाता और कभी चंद्रा से उठता भी नहीं था। गदाधर का इतना वजन हो जाता कि उन्हें खुदीराम को बुलवाना पड़ता। चंद्रा को सुबह-शाम गदाधर की चिंता सताती और खुदीराम उन्हें समझाते कि दिव्य पुरुषों के समय ऐसा सब होता रहता है, इसलिए चिंता न किया करो।

गदाधर महज पाँच साल के थे कि उन्हें छोटी बहन के रूप में सर्वमंगला मिली। जल्दी ही गदाधर की चंचलता को विभाजित करने के लिए उन्हें गाँव के स्कूल में दाखिला दिला दिया गया। वह स्कूल भी लाहा परिवार की एक कोठी में चलता था। लाहा परिवार का तभी से खुदीराम से लगाव था। जब से उन्होंने सुखलाल गोस्वामी परिवार से संपत्ति खरीदी थी। गदाधर के अन्नप्राशन के समय भी एक बड़ा कार्यक्रम हुआ, जिसका खर्च लाहा परिवार ने ही उठाया था।

रामकृष्ण ने बड़ी शीघ्रता से स्कूली विषयों में महारत हासिल कर ली, सिवा गणित को छोड़कर। वे लिखने-पढ़ने लग गए। उन्होंने एक कुम्हार से देवी-देवताओं के चेहरे बनाना और उनपर रंग करना सीखा। वे आम बच्चों से अलग थे। उनका व्यवहार संजीदा था। आमतौर पर बच्चे इतना तो समझते ही हैं या समझ जाते हैं कि अपनी भूल को सीधे स्वीकार कर लेने से दंड भी मिल सकता है तो वे भूल के लिए किए गए काम से इनकार करते हैं; मगर रामकृष्ण ऐसे नहीं थे। अगर वे किसी गलती पर पकड़ लिये जाएँ तो वे कभी इनकार न करते, बल्कि कहते कि न जानने की वजह से ऐसा हुआ है और वे गलती की सजा के लिए तैयार हैं। यह और बात है कि उनकी साफगोई एवं मीठी-मीठी भाषा में किया गया स्वीकार किसी को भी विगलित कर देता और वे दंड से बच जाते।

गदाधर को समाधि का पहला अनुभव छह या सात वर्ष की उम्र में ही हो गया। कहते हैं, तब वे धान के खेत के बीच से जाते एक सँकरे रास्ते से गुजर रहे थे। जून-जुलाई का महीना था। वे लाई खाते जा रहे थे। अचानक उन्होंने एक चमकदार बदरिया देखी। उसकी चमक फैलकर पूरे आसमान पर बिखर गई, जैसे उसने अपनी आभा से आसमान को अपने आगोश में ले लिया। इसी दौरान उनके सामने से खोपरे की कच्ची गिरी जैसे सफेद सारस उड़कर गुजर गए। वे बेहोश होकर गिर गए। उनकी लाई यहाँ-वहाँ बिखर गई। गाँववालों ने उन्हें देखा और उठाकर घर लाए। होश में आने पर गदाधर ने कहा, 'मैं नहीं बता सकता कि कैसा अलौकिक आनंद था।'

करीब सात बरस के थे गदाधर कि उनके पिता का देहावसान हो गया। इस घटना ने बालक गदाधर के मन पर गहरा असर किया। अब वे कभी पेड़ तले ही सो जाते या कभी कब्रिस्तान चले जाते। उन्हें लगा कि धरती पर जीवन अस्थायी है। जो आया है, वह जाएगा। उनकी रुचि धार्मिक पुस्तकों, पुराणों में बढ़ने लगी। वे उन तमाम महात्माओं और संतों से सत्संग करते, जो पुरी जाते समय कामारपुकुर में विश्राम करते। नौ बरस की उम्र में गदाधर का यज्ञोपवीत संस्कार हुआ। तभी उन्हें रघुवीर की पूजा करने की आज्ञा भी मिली। यहीं से उनका ध्यान का प्रशिक्षण प्रारंभ हुआ।

एक बार गाँव में शिवरात्रि के अवसर पर गदाधर के सभी सहपाठी एक नाटक कर रहे थे। नाटक भगवान् शिव पर था। जिसे शिव बनना था, वह अचानक बीमार हो गया। उसका अभिनय गदाधर को करना पड़ा। गदाधर को हूबहू तैयार किया गया। गले में रुद्राक्ष, शरीर पर भस्म। जब वे मंच पर आए तो देखनेवाले चकित थे कि गदाधर धरती पर शिव का प्रतिरूप लग रहे थे। नाटक के बाद पता चला,

गदाधर को समाधि लग गई थी।

फिर तो गदाधर ने अपने सहपाठियों के साथ अपनी नाटक कंपनी बना ली। वे लोग गाहे-बगाहे आम के पेड़ के नीचे नाटक किया करते। नाटक रामायण या महाभारत के प्रसंगों पर आधारित होते। ज्यादातर प्रसंग गदाधर को कंठस्थ थे ही। वैसे गदाधर की रुचि कृष्ण की वृंदावन-लीला में सबसे ज्यादा थी। वे या तो कृष्ण बनते या राधा।

मगर वे जो भी बनते, उसमें इतने खो जाते कि उन्हें भान ही नहीं रहता कि यह सच नहीं, नाटक है। पात्र जब चरित्र को जी लेता है तो वह पात्र नहीं, चरित्र हो जाता है। गदाधर कृष्ण या राधा में बदल जाते। ये सब उनकी समाधि के क्षण होते। इस सबके चलते स्कूल के प्रति वे उदासीन हो गए।

वर्ष १८४९ में गदाधर के सबसे बड़े भाई रामकुमार घर की माली हालत ठीक करने के उद्देश्य से कलकत्ता आए। गदाधर किशोरावस्था की दहलीज पर थे। गाँव की महिलाएँ उन्हें विशेष रूप से चाहने लगी थीं। घुँघराले बाल, उजला गोरा-चिट्टा बदन, चमकदार आँखें। कुछ महिलाओं को वे गोपाल लगते तो कुछ को वृंदावन के कृष्ण।

रामकुमार के साथ गदाधर को भी कलकत्ता आना पड़ा। रामकुमार ने अपनी आय बढ़ाने और गदाधर की रुचि को शिक्षा की ओर मोड़ने के लिए संस्कृत अकादमी खोली। गदाधर ने आत्मा और हृदय से अपने नए कर्तव्य को अपनाया। वे कई घरों में पूजा के लिए बुलाए जाने लगे; मगर उनका तरीका व्यावसायिक पुजारियों और पंडितों से अलग था। वे घंटों ईश्वर की प्रतिमाओं का शृंगार करते, अनेकानेक भजन गाते। इस सबसे लोग बेहद प्रभावित होते। मगर उनका ध्यान पढ़ाई से उचटता चला गया।

रामकुमार चाहते थे कि गदाधर जीवन की व्यावहारिकता को भी

समझे, क्योंकि आज नहीं कल उन्हें भी जिम्मेदारी निभानी है, सामाजिक दायित्वों को पूरा करना है। वे इस बात से चिंतित रहते कि गदाधर मनमौजी है। एक दिन रामकुमार ने गदाधर को समझाया कि थोड़ा ध्यान अध्ययन में भी लगाया करो। इस पर गदाधर ने कहा कि मात्र रोटी कमानेवाली शिक्षा प्राप्त करके मुझे क्या हासिल होगा? मैं तो चिरंतन संतुष्टि की तलाश में हूँ।

उसी दौर में कलकत्ता में एक बेहद संपन्न विधवा रानी रासमणि रहती थीं। वे थीं तो शूद्र, लेकिन अपनी क्षमता, बुद्धिमानी, साहस और धर्मनिष्ठा के लिए जानी जाती थीं। १८४७ में उन्होंने दक्षिणेश्वर में करीब २० एकड़ जमीन खरीदी। वहाँ उन्होंने काली मंदिर बनवाया। उन्हें कालिका का ही इष्ट था। मंदिर अपनी पूरी शोभा और समग्रता में गंगा नदी के पूर्वी किनारे पर बनाया गया। उसमें शिव, राधा कृष्ण के भी मंदिर थे। शिव मंदिर में सफेद आकड़े के फूल, बेलपत्र और गंगा का जल चढ़ाया जाता। एक मंदिर राधाकांत का था। इसे विष्णु मंदिर भी कहा जाता है। इसमें राधा-कृष्ण की प्रतिमाएँ हैं, मगर मुख्य मंदिर काली का ही था। अभी भी है। इसे भवतारिणी का मंदिर भी कहते हैं। ऐसी देवी, जो संसार के भवसागर से पार उतार देती है। काली-पूजा से पुनर्जन्म की आस्था के अनुसार बार-बार जन्म के बंधन से मनुष्य मुक्त हो जाता है।

काली माँ की प्रतिमा अद्‌भुत है। चार भुजाधारिणी प्रतिमा के तीन नेत्र हैं। तीसरा नेत्र दिव्य चक्षु है।

रानी रासमणि के बारे में कहते हैं कि एक तो उन्होंने मंदिर बनवाकर, दूसरे उसका ३१ मई, १८५५ को लोकार्पण कर अपना बाकी जीवन ठीक कर लिया।

गदाधर कहते हैं—'यह नाम माथुर बाबू ने रखा था। हालाँकि

इसका कोई विशेष प्रमाण नहीं है, लेकिन रामकृष्ण के भतीजे के अनुसार रामकृष्ण का बचपन का यह नाम माथुर बाबू की ही देन था। गदाधर अपने भाई रामकुमार के साथ काली मंदिर आए। रामकुमार को मंदिर का मुख्य पुजारी नियुक्त किया गया। शुरू-शुरू में गदाधर के मन में पिता की स्मृति ताजा थी। उन्हें मंदिर रास भी नहीं आया, मगर जल्दी ही उन्हें वहाँ अच्छा लगने लगा।

माथुर बाबू चाहते थे कि रामकृष्ण काली-पूजा में रुचि लें। उनका प्रभु प्रेम और आस्था किसी से छिपी नहीं थी। माथुर बाबू गदाधर के समाधिस्थ होने की बातें भी जानते थे। यही वजह थी कि उन्हें लगता था कि गदाधर की रुचि इसमें जगनी चाहिए; लेकिन गदाधर काली माँ के पहने गहने वगैरह की जिम्मेदारी लेने से बचते। माथुर बाबू गदाधर के लिए उपयुक्त अवसर की तलाश में रहते।

एक दिन गदाधर का बचपन का मित्र और उनकी बुआ का लड़का हृदय वहाँ आ गया। वह सीहोर में ही रहता था। सीहोर कामारपुकुर के पास ही है। बेहद ऊर्जावान् और उत्साही हृदय। उसे देखते ही गदाधर खिल उठे।

हृदय कलकत्ता काम की तलाश में आया था। गदाधर को उपाय सूझा। उन्होंने माथुर बाबू से काली-पूजा में शरीक होने की बात सशर्त रखी। उन्होंने कहा कि मैं आज से ही यह काम करूँगा, लेकिन मेरी सहायता हृदय करेगा।

एक दिन राधाकांत मंदिर में पूजा करते हुए वहाँ के पुजारी के हाथ से कृष्ण की प्रतिमा गिर गई और प्रतिमा का पैर टूट गया। बड़ा कोहराम मचा। हिंदू मान्यता के अनुसार, खंडित प्रतिमा का पूजन नहीं हो सकता। नई प्रतिमा रानी रासमणि चाहती नहीं थीं, क्योंकि उन्हें वह प्रतिमा बेहद पसंद थी; मगर सभी की राय थी कि नई प्रतिमा की प्राण-

प्रतिष्ठा हो जाए। ऐसे में रानी रासमणि ने रामकृष्ण को बुलाया और उनकी राय ली। रामकृष्ण बेलौस बोलते थे। उन्होंने कहा, 'यदि तुम्हारे दामाद की दुर्घटनावश टाँग टूट जाए तो तुम नया दामाद ढूँढ़ने जाओगी या उनके पैर का इलाज करवाओगी? निश्चित ही इलाज करवाओगी, तो इस प्रतिमा को भी ठीक कर उसकी पूजा की जा सकती है।' रानी रासमणि इस उत्तर और समस्या के इस हल से बेहद प्रसन्न हुईं और रामकृष्ण राधाकांत मंदिर के पुजारी बन गए।

ब्राह्मण कुल में जन्मने और आस-पास के परिसर में पूजा-पद्धति तथा मंत्रोच्चार का वातावरण रहने से गदाधर के लिए कुछ भी नया नहीं था। वैसे भी हिंदू धर्म के सभी देवी-देवताओं का मुखमंडल मानवीय संदर्भों का ऊर्जावान् चेहरा है। उन्हें अनंत मस्तिष्कों ने पहले अपने में अनावृत किया, फिर जगत् के सामने उन्हें उद्घाटित किया।

मनुष्य की अपनी सीमा है। विचार के तमाम अंतरण और विस्तार के बावजूद वह देखी और अनुभव की वस्तु की ही कल्पना कर सकता है। उसकी श्रद्धा के कैनवास पर भी उसके अपने चेहरे के श्रेष्ठतम रूप से बेहतर कुछ और नहीं हो सकता। इसलिए प्रतिमा-पूजन लोकप्रिय भी हुआ तथा उपासना-पद्धति का अनिवार्य अंग भी बन गया। हिंदू धर्म के अनुयायियों ने इसीलिए ईश्वर को आदर्श पिता, आदर्श माँ, आदर्श पति, आदर्श पुत्र, आदर्श मित्र के रूप में प्रस्थापित किया। मंदिर के अधिकांश पुजारी सभी जरूरी मंत्र जानते हैं। जो मंत्र के भीतर के प्रयोगों को नहीं जानते, वे तोते की तरह कुछ-न-कुछ कहते रहते हैं; मगर रामकृष्ण को मंत्रों का रहस्य बचपन से ही मालूम हो गया था।

वे जब भी राधाकांत मंदिर में पूजा के लिए जाते, समाधिस्थ हो जाते। कुछ लोगों का मत है कि यहीं कुंडलिनी जाग्रत् होने का पहला अनुभव रामकृष्ण को हुआ। रामकुमार चाहते थे कि गदाधर काली-पूजा

के मंत्र और विधि-विधान सीख जाएँ। दूसरी कोशिश हुई, मगर जैसे ही रामकृष्ण ने पहला मंत्र सुना, वे भाव-विभोर हो गए और कुछ देर उनकी आँखों से आँसू बहते रहे। अचानक वे जोर से चिल्लाए, फिर समाधिस्थ हो गए। उसके बाद माथुर बाबू ने उन्हें काली मंदिर की जिम्मेदारी भी सौंप दी।

सन् १८५६ में गदाधर के बड़े भाई रामकुमार का भी देहावसान हो गया।

□

२

काली माँ से साक्षात्कार

रामकृष्ण मात्र बीस बरस की उम्र में काली मंदिर के मुख्य पुजारी बन गए थे। रानी रासमणि वहाँ अपनी चार बेटियों के साथ रहती थीं! वे रामकृष्ण की लगन और भक्ति से बेहद प्रभावित थीं। उनकी तीसरी बेटी मथुरानाथ बिश्वास से ब्याही थी। वे ही प्रशासनिक कामों में रानी रासमणि की मदद किया करते। अपने पति राय राजचंद्र दास के निधन के बाद उनकी रुचि तीर्थाटन में हो गई थी; मगर एक दिन रानी को सपना आया कि वे अपनी यात्रा स्थगित करें और गंगा किनारे काली मंदिर बनवाएँ। इसके बाद यह मंदिर बना और बाद में पूजा-अर्चना का सारा भार रामकृष्ण पर आ गया। प्रकृति की सभी शक्तियों के समुच्चय का सर्वोच्च रूप है काली। रामकृष्ण उसकी पूजा में कर्म से ही नहीं, आस्था से भी उतर चुके थे।

मंदिर में रहना, पूजा करना और लगातार इसी भाव-बोध में जीना—इन सब ने रामकृष्ण को ध्यान करने की ओर प्रेरित किया। दक्षिणेश्वर में आज जहाँ पंचवटी है, कभी वहाँ कँटीली झाड़ियाँ थीं। लोग वहाँ भूतों के डर से दिन में भी नहीं जाते थे, रामकृष्ण रात में

वहाँ जाकर ध्यान किया करते। उनका फुफेरा भाई और सखा हृदय कई घटनाओं का साक्षी रहा है। हृदय भी उधर जाने से डरता था। वह रामकृष्ण को भी मना करता, मगर वे कब माननेवाले थे। जब वे जबरदस्ती उस तरफ जाते तो हृदय तरह-तरह की आवाजें निकालता, उनके बेअसर होने पर पत्थर भी फेंकता; मगर रामकृष्ण पर इसका कोई प्रभाव नहीं पड़ता। वे और तन्मयता से अपने काम में जुट जाते।

कँटीली झाड़ियों के बीच रामकृष्ण के ध्यान करने की अवधि धीरे-धीरे बढ़ने लगी। घंटे, प्रहर बीतने लगे। फिर तो सारी-सारी रात माँ काली के ध्यान में वहीं व्यतीत होने लगी। वे रात को जाते और सुबह अपने कमरे में लौटते। उनकी आँखें सूज जातीं, जैसे लगातार रोने पर हो जाती हैं। ध्यान् करते हुए वे अपने वसन उतार देते, बल्कि जनेऊ को भी एक तरफ रख देते। एक बार उन्होंने हृदय से कहा, 'तुम क्या सोचते हो, जब व्यक्ति ईश्वर का चिंतन कर रहा हो तो उसे हर चीज से मुक्त नहीं हो जाना चाहिए—कम-से-कम हर उस वस्तु से, जो अपने 'आप' होने का बोध करती है।' इस तरह की बातें हृदय समझ नहीं पाता, फिर भी उसका समर्पण रामकृष्ण में बना रहा। वे उसे गुत्थियों की तरह लगते और वह ऊन के गोले से खेलते बच्चे की तरह उन्हें सुलझाने में लगा रहता।

एक बार रामकृष्ण हमेशा की तरह उन्हीं झाड़ियों में रात के समय ध्यान कर रहे थे। हृदय लगातार उन पर नजर रख रहा था। इसलिए भी कि वह समझ नहीं पाता था कि आखिर रात में होता क्या है? रामकृष्ण अकेले करते क्या हैं? उस रात हृदय ने अपने डर पर काबू रखा, फिर भी उसका गला सूख रहा था। वह उस जगह जैसे-तैसे पहुँच ही गया। रामकृष्ण आँखें मूँदे ध्यानस्थ थे। एक तरफ उनके कपड़े और जनेऊ। रात की स्याही और सन्नाटा। पहले तो हृदय चौंका, फिर उसने

पूछा, 'यहाँ कर क्या रहे हैं? पता है, जनेऊ नहीं उतारते।' कोई जवाब नहीं आया। रामकृष्ण तो अपनी समाधि में लीन थे। हृदय ने अपनी उत्कंठा और व्यग्रता में कई प्रश्न पूछे, लेकिन सभी निरुत्तरित।

थोड़ी देर में रामकृष्ण की संज्ञा लौटी। वे अपनी चेतना में आए तो फिर हृदय ने वे ही सवाल दोहरा दिए। इस पर रामकृष्ण ने कहा, 'मैं माँ काली का ध्यान कर रहा था और ध्यान बिना किसी याद के किया जाता है।' हृदय अवाक् था। उसे समझ नहीं आया कि रामकृष्ण किस धरातल की बात कर रहे हैं। मंदिर में भी उनकी हालत कमोबेश ऐसी ही हो गई थी। वे पूजा के फूल काली माँ को चढ़ाते-चढ़ाते खुद पर चढ़ाने लगते। जोरों से काँपने लगते। बिलख-बिलखकर रोते। रास्ते में होते या मंदिर परिसर में तो 'माँ', 'माँ' कहकर अपना मुँह जमीन में रगड़ने लगते। जो देखते, वे समझते कि इनकी लौकिक माँ का स्वर्गवास हो गया है। उनकी पूजा पूरी तरह से अद्वैत (जहाँ दो नहीं होते) की पूजा में तब्दील हो जाती। वे कहने लगते, 'माँ', 'तू मैं, मैं तू! यह अवसर जब भी आता, वे समाधिस्थ हो जाते। जैसे-जैसे उनका ईश्वर-प्रेम बढ़ा, वे औपचारिक पूजा-पद्धति बिसरा बैठे। हृदय को लगने लगा, रामकृष्ण विक्षिप्त हो गए हैं। कभी-कभी वे घंटों भक्तिगीत गाते रहते। कभी-कभी वे चिल्लाने लगते, हे माँ! तू साथ है या कपोल कल्पना? माँ, तू हकीकत है या सिर्फ कविता? यदि माँ, सचमुच तेरा अस्तित्व है तो मैं तुझे क्यों नहीं देखता पाता?' उनका व्यवहार असामान्य हो गया। कभी तो वे प्रार्थना में दो-दो घंटे बैठे रहते। कभी बेहोश हो जाते। उनका सोना, खाना सबकुछ अनियमित हो गया। कह सकते हैं कि उन्होंने ठीक से भोजन करना और निद्रा छोड़ दी थी।

रामकृष्ण जब बहुत भाव-विह्वल हो जाते तो वे रामप्रसाद और कमलाकांत के भजन गाते। गाना क्या होता, वह तो एक तरह का

आर्तनाद होता। अविरल अश्रु बहते। कभी गिरते, कभी उठते, कभी बाँहें फैलाते; कभी कुछ। रामप्रसाद और कमलाकांत ने बँगला में शब्द से ज्यादा संप्रेषित करनेवाले भजन लिखे हैं। रामकृष्ण किसी भी भावुक पंक्ति पर रुक जाते। उन भजनों में अमूमन काली माँ का वर्णन होता। जैसा कि आमतौर पर भजनों में होता है। फिर तो वे अपने आपे में नहीं रहते, चिल्लाने लगते, 'माँ, करुणामयी माँ! ममतामयी माँ! मुझे दर्शन दो! तुमने रामप्रसाद को दर्शन दिए, तभी तो वह तुम्हारे रूप का ऐसा अनूठा वर्णन कर पाया। क्या मैं इतना हतभागी हूँ माँ, कि तेरे दर्शन भी न पा सकूँ?' रामकृष्ण को ज्यादा प्रतीक्षा नहीं करनी पड़ी। उन्होंने स्वयं माँ के दर्शन का वृत्तांत सुनाया—

"मुझे ऐसा लगा जैसे कोई गीले तौलिए को निचोड़ता है। लगा कि अब माँ से दूर रहना संभव नहीं है। जीवन जीने लायक नहीं लगने लगा। ऐसा लगा कि सब निरर्थक है। अचानक मेरी निगाह माँ के मंदिर में रखी तलवार पर गई और भीतर कहीं से यह इच्छा बलवती हो गई कि इस जीवन का अंत करना ही श्रेयस्कर है। लगभग पागल की तरह मैं तलवार पर झपटा, उसे उठाया और सोचा कि एक झटके में गरदन अलग कर माँ को भेंट कर दूँ कि माँ प्रकट हो गईं। मंदिर की इमारत, दीवारें, वस्तुएँ सब आँखों से ओझल हो गईं और मैंने चेतना का निस्सीम, अनंत और देदीप्यमान समुद्र देखा। जितनी दूर तक नजर जा सकती थी या जितना मैं देख पाया, लगा कि जैसे समुद्र की महातरंगें अपनी भयावह गर्जना के साथ मेरी तरफ उठ रहीं हैं और मुझे चारों ओर से अपने में समेट रही हैं। मुझे नहीं मालूम कि बाहर क्या हो रहा था; मगर भीतर-भीतर अपनी अंतश्चेतना में मैं उसके आशीर्वाद से सराबोर, एकदम नया अनुभव था और मैं बेहोश हो गया। मुझे माँ की उपस्थिति का भान हुआ।" बड़ी देर बाद जब रामकृष्ण होश में आए,

उनके ओठों पर सिर्फ एक शब्द था—'माँ!'

अनुभूति के इस दिव्य धरातल के बाद रामकृष्ण रह-रहकर उस क्षण को याद करते और रोने लगते। कई बार भीड़ इकट्ठी हो जाती। जैसे एक बच्चा जिद करता है—एक बार और वह वस्तु दिला दो या घुमा लाओ, ठीक वैसे ही रामकृष्ण परमानंद की उस स्थिति के लिए बार-बार गिड़गिड़ाते—माँ, एक बार और···ऐसे में वे कई लोगों के लिए परिहास के पात्र बन गए। कई इस सबको, यानी चीखने-चिल्लाने को महज शगल मानते। रोजाना की पूजा-अर्चना लगभग बंद हो गई। कभी-कभार आनेवाली बेहोशी की आवृत्ति बढ़ने लगी। मूर्च्छा लगातार होनेवाली स्थिति बन गई। हालत यहाँ तक हो गई कि उनके जोड़ों में तकलीफ बढ़ गई। हृदय की देखभाल में यदि कोताही बरती जाती तो रामकृष्ण की इहलीला कब की समाप्त हो गई होती।

उनकी बातचीत, उनका उठना-बैठना स्त्रैण हो गया। वह तो उनके संरक्षक जबरदस्त निष्ठा से उनके साथ खड़े रहे और हर आलोचना का जवाब भी देते रहे, वरना आलोचक मात्र आलोचना तक ही सीमित न रहते। वैसे भी स्वीकार बड़ी मुश्किल से होता है। समाज भी कठिनाई से कर पाता है और मन भी। मन और समाज दोनों ही व्यवस्था के अनुकूलन के साथ अपना निर्णय देते रहते हैं। इसलिए इनकार या अस्वीकार इनकी स्वाभाविक प्रवृत्ति होती है। ऐसे में, जबकि रामकृष्ण अपनी दिनचर्या तक स्थगित कर चुके थे, वे लोग और क्या सोच सकते थे, जिनका संसार उनकी आँखों में समाने जितना ही होता है। रामकृष्ण न खाते न पीते, फिर तो उनकी दृष्टि ही निराकार की साकार में उपस्थिति में बदल गई। एक दिन उन्होंने एक तवायफ में सीता देखी, एक अंग्रेज कृष्ण मुद्रा में किसी पेड़ तले खड़ा था, उन्हें उसमें कृष्ण दिखाई दिए। दरअसल, उनका प्रत्यक्षीकरण बदल गया।

वे स्वयं ईश्वर हो गए थे। वे ही राम, वे ही काली, वे ही कृष्ण, वे ही राधा और वे ही हनुमान।

निश्चित ही यह बात नई पीढ़ी के तार्किक लोगों को अपाच्य लगेगी, लेकिन सनातन दर्शन में 'सोऽहम्'—'वह मैं हूँ।' नर से नारायण बनने की प्रक्रिया है। सहजता इसका अनिवार्य गुण है और रामकृष्ण बेहद सहज थे। वे अपनी बात कहने के बावजूद आपकी बात सुनने और मानने को राजी भी रहते। कुछ लोगों ने उन्हें समझाना चाहा कि वे बीमार हैं तो अपना उपचार कराएँ। वे पूरी तरह राजी थे। राजी होना सबसे कठिन काम है। पूरा उपक्रम इस बात का है कि आप इस सबसे राजी न हों। जो पढ़ रहे हैं, देख और सुन रहे हैं, उससे राजी होते ही आपकी उपस्थिति और अस्तित्व पर खतरा लगता है। आपकी बौद्धिक क्षमता पर संदेह होने लगता है। इसलिए बच्चा जब भाषा-विकास के दौरान वाक्यों की समझ के दौर में आता है तो पहले इनकार करता है। रामकृष्ण पूर्ण स्वीकार के अंग बन चुके थे। उन्हें बिलकुल इसका गुमान नहीं था कि वे ईश्वर-दर्शन कर मठाधीश बन गए हैं या कुछ और हो गए हैं। इसलिए उनके आस-पास तर्क नहीं थे। लोग आते या तो राजी हो जाते या उन्हें विक्षिप्त मान लेते।

धीरे-धीरे रामकृष्ण के अनुभव गहराते गए। पहले उन्हें उपस्थिति की प्रतीति होती थी, फिर उन्हें छुअन का आभास होने लगा। वे कहने लगे—माँ ने कहा। यह उनकी नई धार्मिक भाषा थी। भौतिकशास्त्र अब मस्तिष्क की इस स्थिति को खारिज नहीं करता। वह इस पर काम कर रहा है। चेतना के स्तर पर तो काफी काम हुआ भी है।

रामकृष्ण दिनचर्या की पूजा में उतना ध्यान नहीं दे पाते थे। इस कारण से उनके चचेरे भाई हलाधरी को पुजारी बना दिया गया। वे करीब आठ बरस दक्षिणेश्वर रहे। कट्टरपंथी ब्राह्मण परिवार के कट्टरपंथी

व्यक्ति। उनकी रुचि कर्मकांड में थी, लेकिन हलाधरी रामकृष्ण से प्रभावित नहीं थे। उन्हें रामकृष्ण का ईश्वर-प्रेम ज्यादा-से-ज्यादा एक संभ्रम लगता। वैसे भी जो जितना बड़ा पुजारी होता है, उसकी आस्था उतनी संदिग्ध हो जाती है। वह रोज देखता है, जो कपड़े उसने पहनाए, दूसरे दिन उसी ने बदले। जो नैवेद्य उसने लगाया, उसी ने प्राप्त किया। इस सिलसिले में रवींद्रनाथ की एक अद्भुत कविता है। उसका सार है—एक मंदिर में युवा पुजारी आया। कोरी स्लेट था। अनुभव नहीं था। वरिष्ठ पुजारियों ने उसे मंदिर में जगह दे दी। आधी रात के बाद वह उठा और कहने लगा—ईश्वर द्वार पर आया है। आज्ञा हो तो द्वार खोल दूँ। पास में एक वरिष्ठ पुजारी सो रहा था। उसने कहा—सो जाओ, रात बहुत हो गई है। मगर नया पुजारी माना नहीं। थोड़ी-थोड़ी देर में वह द्वार की आहट का जिक्र कर देता। वरिष्ठ पुजारी ने कहा—देखो, तुम्हें लग रहा है तो नैवेद्य लगाओ और सब में बाँट दो, जगाकर बाँट दो। फिर सो जाओ। मगर द्वार नहीं खोला गया। नैवेद्य बँट गया। तीसरे प्रहर फिर नए पुजारी ने कहा—देखो, रथ रुका है। ईश्वर मंदिर की सीढ़ी पर खड़े हैं। आज्ञा हो तो दरवाजे खोल दूँ। इस पर सबसे वरिष्ठ पुजारी ने कहा—देख बच्चे, मैं यहाँ पचास बरस से हूँ। तब से आज तक कोई आया नहीं। तेरे आते ही ईश्वर भी चला आया। सो जाओ, वरना मंदिर के परकोटे के बाहर फेंक देंगे। कहानी है कि दूसरे दिन की सुबह जब दरवाजे खोले गए तो देखा, रथ के निशान थे। मंदिर की सीढ़ियों पर पैर बने थे। यह आस्था और अहसास का मामला है, प्रतीति और संवेदना का भी, वरना कोई वजह नहीं कि हाथी की आपातकालीन ध्वनि, जो बेहद धीमी होती है, मीलों दूर तक सुन ली जाती है और आप जोर से चीख भी दें तो साफ १४ फीट के बाद सुनाई नहीं देता।

रामकृष्ण की अतर्क्य आस्था समझ से परे थी। हृदय ने इस बारे

में कई बातें कही हैं। उसका कहना था कि रामकृष्ण को पूजा करते हुए देखना एक अजीब किस्म का रोमांच होता था। जिसने भी उन्हें देखा, अवाक् रह गया। मैं भी उन्हें मंदिर के गर्भगृह में देखता तो लगभग डर जाता था। जैसे वे पूजा के समय माँ को फूल अर्पित करते। आमतौर पर पुष्प अंजुरी में लेकर पहले देवी को चढ़ाए जाते हैं, मगर रामकृष्ण ऐसा नहीं करते। वे फूलों को पहले अपने सिर, छाती, यहाँ तक कि अपने पैरों को भी छुआते, फिर देवी पर अर्पित करते। इससे मुझे बेहद डर लगता। डर दो बातों का था। एक तो मैं पारंपरिक ब्राह्मण, ऊपर से रानी रासमणि और माथुर बाबू का खौफ; लेकिन रामकृष्ण अपनी पूरी आस्था और तन्मयता से अपने काम में जुटे रहते। मेरी हिम्मत भी नहीं पड़ती कि मैं उनसे पूजा-पद्धति के बारे में बात करूँ। धीरे-धीरे मुझे लगा कि उनमें और मुझमें एक बड़ी खाई बन गई—वैचारिक भिन्नता की; मगर यह भिन्नता सीखी हुई पद्धति और रामकृष्ण के काम करने की वजह से जनमी थी। इसीलिए मेरी उनके प्रति निष्ठा और सेवा भाव में कभी कोई कमी नहीं आई।

कई बार तो ऐसा होता कि जब वे फूलों को अपने बदन पर छुआ रहे होते, खुद इतने भाव-विभोर हो जाते कि उनका सीना लगभग लाल हो जाता। फिर वे कभी माँ की ठोढ़ी छू देते, कभी बातें करने लगते, कभी हँसने लगते, कभी गाने लगते, यहाँ तक कि कभी-कभी तो नाचने भी लगते। नैवेद्य के समय तो वे प्रसाद को माँ के ओठों पर छुआते और कहते, 'माँ, खाओ। माँ, तुम कहती हो तो मैं भी खाऊँगा।' फिर वे थोड़ा खाते और बचा हुआ फिर माँ के ओठों पर लगा देते। कहते, 'माँ, अब तेरी बारी है।' मगर यह सब गोपनीय न रह सका। यह सबकुछ लोगों के लिए ईर्ष्या, विद्वेष और हँसी का कारण भी बना। कुछ लोगों ने इसकी शिकायत पहले मंदिर प्रबंधक से की, फिर माथुर बाबू से।

काफी शिकायतें आने पर कि रामकृष्ण विधि-सम्मत या शास्त्र-सम्मत तरीके से पूजा नहीं करते हैं और अपने बदन पर छुआए फूल देवी माँ को अर्पित करते हैं, माथुर बाबू ने भरोसा दिया कि वे स्वयं आकर निरीक्षण करेंगे। बिना पूर्व सूचना के एक दिन वे मंदिर पहुँच गए। रामकृष्ण अपनी तन्मयता से पूजा में लगे थे। उन्हें भान ही नहीं था कि कोई उन्हें देख रहा है। वे काफी देर वहाँ रुके रहे, लेकिन रामकृष्ण की पूजा का क्रम टूटा नहीं। बाद में घर लौटने पर उन्होंने मंदिर प्रबंधक को लिखा कि रामकृष्ण किसी पूजा-पद्धति का उल्लंघन नहीं कर रहे हैं। दरअसल, वे माँ के प्रेम में इतने उतर गए हैं कि उन्हें शास्त्रोक्त पद्धति का ध्यान ही नहीं रहता। इसलिए उन्हें विक्षिप्त मानने का भी कोई कारण नहीं है। प्रेम का अतिरेक ऐसी प्रवृत्ति को जन्म देता है। अत: यह देखें कि कोई रामकृष्ण के कार्य में व्यवधान न पहुँचाए।

वैसे भी भक्ति दो तरह की मानी गई है—एक शास्त्रोक्त और दूसरी प्रेमभक्ति। शास्त्रोक्त पद्धति में मंत्रोच्चार है, पूरा कर्मकांड है; लेकिन प्रेम-भक्ति में यह हो भी सकता है और नहीं भी। वैसे शास्त्रों में पूजा-पद्धति के पाँच प्रकार बनाए हैं। पहला है शांत। वेद और अन्य श्रुतियों से प्राप्त ज्ञान के आधार पर माना जाता है कि वह दिव्य स्वरूप ईश्वर हर प्राणी में वास करता है। इसे एकत्ववाद भी कहा जाता है। वैदिक ऋषियों की पूजा इसी अवधारणा का उदाहरण है। दूसरी पद्धति दास्य भाव की है। इसमें भक्त स्वयं को दास और ईश्वर को प्रभु मानता है। इस आशय की पूजा तुलसी ने की। हनुमान की राम के प्रति भक्ति को भी इसी के तहत रखा जा सकता है। तीसरे तरह की भक्ति है साख्य भाव की भक्ति, यानी भक्त ईश्वर को अपना सखा अथवा निज मान लेता है। उसका संवाद, आचार-व्यवहार मित्र की तरह हो जाता है। जैसे अर्जुन की कृष्ण के प्रति भक्ति। भक्ति के चौथे स्वरूप को

वात्सल्य कहते हैं, अर्थात् भक्त और भगवान् में पालक और बच्चे का संबंध बन जाता है और पाँचवें तरह की भक्ति है माधुर्य भाव की भक्ति, यानी भक्त और भगवान् के बीच प्रेमियों का संबंध बन जाता है। संबंधों की प्रगाढ़ता इससे अधिक कहीं और किसी में नहीं होती। इसे भक्ति का श्रेष्ठतम प्रकार भी माना गया है, जैसे गोपियों ने कृष्ण से की। वे कहती हैं—

ऊधो! मन न भए दस-बीस
एक हुतो सो गयौ श्यास संग
को आराधे ईश!

या मीरा ने इस तरह की भक्ति की है।

रामकृष्ण के बारे में यह जानना सर्वथा समीचीन है कि उन्होंने अपनी साधना इन सभी मार्गों पर चलकर की। यह सबसे दुष्कर कार्य है। भक्ति के विभिन्न आयामों के जितने प्रयोग रामकृष्ण ने किए, संभवतया किसी ने भी नहीं किए। इसी वजह से उनकी भाषा-शैली सिर्फ शब्द के अर्थ तक ही सीमित नहीं रहती थी। उसमें अर्थांतर होता। वैसे भी अनुभव के शब्दों में देखे हुए रास्तों की गर्द और गंध होती है। उनके विभिन्न प्रयोगों ने उन्हें अस्वस्थ तो कर ही दिया था। अनियमित दिनचर्या और माँ के प्रति विक्षिप्तता की हद तक प्रेम ने उन्हें व्यावहारिक जगत् से दूर भी कर दिया। इस सबकी खबरें कामारपुकुर भी पहुँचीं। उस समय रामकृष्ण की माँ जीवित थीं। उन्हें रामकृष्ण के सखाओं ने सबकुछ बताया। वे बेहद चिंतित हुईं। कुछ लोगों ने उन्हें सुझाव दिया कि यदि रामकृष्ण का विवाह हो जाए तो वे ठीक हो सकते हैं। रामकृष्ण को बुलावा भेजा गया। उन्हें भी समझाया गया कि वे बीमार हो गए हैं, इसलिए थोड़े समय आराम और उपचार की जरूरत है। रामकृष्ण ने जरा भी तर्क नहीं किया। वे नाराज भी हो सकते थे कि मैं बीमार

नहीं हूँ, मगर वे पूरी तरह राजी थे। उन्होंने कहा, 'यदि आप लोगों को लगता है कि मैं अस्वस्थ हूँ तो उपचार कराया जाए। उनकी माँ को लोग समझा चुके थे कि विवाह हो गया तो रामकृष्ण पर घर की जिम्मेदारी आ जाएगी। उनका मोह बढ़ जाएगा। वर्ष १८५९ में रामकृष्ण का विवाह हुआ। उस समय उनकी पत्नी, यानी शारदा माँ की आयु मात्र पाँच बरस थी।

माँ शारदा का बचपन का नाम शारदामणि था। उनके परिवारी मुखोपाध्याय कहलाते थे। उस जमाने में बाल-विवाह का चलन था। आज भी राजस्थान में बाल-विवाह होते हैं; मगर वह विवाह हर दृष्टि से अद्‌भुत था, आस्था और आत्मा का विवाह था। विवाह के बाद गौने की रस्म भी होती है। इस अवधि तक लड़की फिर अपने पालक या पिता के घर लौट आती है। आठ या नौ बरस बाद गौना होता है। उसके बाद फिर वह अपने पति के घर ही रहती है। शारदामणि भी विवाह के बाद अपने पिता के घर चली गईं। रामकृष्ण काली मंदिर लौटे, मगर उनकी तथाकथित विक्षिप्तता दस गुना बढ़ गई। उनकी आँखें खुली हों तो फिर बंद ही न हों। पलकें झपकती नहीं। रामकृष्ण के अनुसार करीब छह बरस तक यह स्थिति रही।

'गीता' में भी कहा गया है कि जैसे-जैसे व्यक्ति आध्यात्मिक विकास करता जाता है, वैसे-वैसे उसके भीतर से 'मैं कर रहा हूँ' का भाव समाप्त होता जाता है। दूसरी धार्मिक क्रियाएँ धीरे-धीरे गैर-जरूरी हो जाती हैं। वे भी जो कभी जरूरी लगती थीं, आध्यात्मिक रास्ते पर थोड़ा चलने पर गैर-जरूरी हो जाती हैं। माथुर बाबू असमंजस में थे। कभी उन्हें लगता कि रामकृष्ण सिर्फ विक्षिप्त ही नहीं, बल्कि अति-विक्षिप्त हो गए हैं और कभी उन्हें लगता कि रामकृष्ण प्रकृति को ज्यादा साफ और व्यापक परिप्रेक्ष्य में देख पाते हैं। यही वजह है कि दूसरे

उनके बारे में अनर्गल बातें किया करते हैं।

माथुर बाबू सबकुछ समझते हुए भी एक दिन रामकृष्ण के लिए एक शॉल ले आए। शॉल उस समय करीब हजार रुपए की थी। उन्होंने रामकृष्ण को शॉल ओढ़ाई और कीमत भी बता दी। वे बड़े खुश हुए, जैसे बच्चे मनपसंद वस्तु के मिलने पर होते हैं। जो मिला, उसे उन्होंने शॉल बताया। इतना ही नहीं, माथुर बाबू के नाम से बताया कि उन्होंने दी है। हजार रुपए की है। मगर थोड़ी देर बाद ही वे सोचने लगे, यह है क्या बकरे की खाल! क्या इसी से सर्दी रुकेगी? यदि सर्दी इससे रुकती भी है तो क्या वह काम एक सामान्य सा कंबल नहीं कर सकता? वे अपने आपसे ही बात करते जा रहे थे—क्या इससे ईश्वर के साक्षात्कार में मदद मिलेगी? यह सोचते-सोचते उन्होंने शॉल उतार फेंकी। इतनी महँगी शॉल ओढ़कर आदमी स्वयं को दूसरों से बड़ा और अनूठा समझने लगेगा। उन्होंने शॉल फेंकी ही नहीं, उस पर थूक दिया। वह तो और लोग वहाँ आ गए, वरना वे उसे जला ही देते।

एक बार रानी रासमणि और माथुर बाबू उनके बारे में गलत नतीजे पर पहुँच गए। उन्हें लगा कि रामकृष्ण की इस हालत की वजह उनकी बेवजह इंद्रिय-निग्रह की स्थिति है। माथुर बाबू ने वहाँ तवायफें भेज दीं, मगर वे अपने तमाम प्रयासों के बावजूद रामकृष्ण को समाधिस्थ होने से नहीं रोक सकीं। उनमें भी उन्होंने माँ के दर्शन किए। बाद में तवायफें बेहद पछताईं कि हमने खामख्वाह परमहंस को परेशान किया।

बीच में रामकृष्ण अपने पिता खुदीराम के आराध्य भगवान् राम की पूजा करने लगे। रामायण और मानस के अनुसार राम के सबसे अच्छे और श्रेष्ठ भक्त थे भगवान् हनुमान। रामकृष्ण ने दास्य भाव की इस भक्ति की प्रामाणिकता को परखा। वे उसी तरह रहने लगे जैसे हनुमान रहते होंगे, यानी पेड़ पर। कंद-मूल-फल खाने लगे। इस दौर

में वे चलते नहीं, उछलते थे। बिना इस बात की परवाह किए कि देखनेवालों का अनुभव क्या होगा। ध्यान और भावलोक के इस स्तर पर भी रामकृष्ण में इनकार नहीं था। उन्होंने विवाह के लिए भी अपनी स्वीकृति दी थी।

स्वामी श्रद्धानंद ने इस घटना पर अपनी टिप्पणी में कहा कि रामकृष्ण विवाह का आदर्श उपस्थित करना चाहते थे; लेकिन वे चाहे जो कहते, उसका प्रभाव उनके करने की तुलना में कम ही पड़ता। उस समय विवाह नामक संस्था से दुर्गंध उठने लगी थी। पत्नियाँ सिर्फ पति की घरेलू नौकरानियाँ और उसकी काम-पिपासा की जरूरी देह भर रह गई थीं; लेकिन रामकृष्ण ने अपनी पत्नी को कई दिशाओं में शिक्षित किया और एक पिता की तरह उस पर नजर भी रखी। यदि वे विवाह न करते तो शायद कहा जाता कि उन्होंने विवाह नहीं किया, इसलिए वे 'सेक्स' की उत्तेजना और जरूरत दोनों कैसे समझ सकते हैं। यही वजह थी कि रामकृष्ण ने विवाह किया—एक आदर्श, आत्मिक और हिंदू विवाह!

□

३

डूबनेवाले को क्या मिला डूबनेवाले से पूछ

कहते हैं, 'डूबनेवाले को क्या मिला डूबनेवाले से पूछ! तैरनेवाले को तह की खबर कुछ भी नहीं।' रामकृष्ण साधना के क्षेत्र में डूबे हुए परमहंस हैं। इसलिए उनकी भाषा और शब्द-चयन लौकिक अर्थवाले नहीं हैं। उन्हें समझने के लिए भक्ति या ध्यान की स्थिति चाहिए। भक्ति के उनके प्रयोगों में रामभक्त हनुमान की तरह की जीवनचर्या के प्रयोग का गहरा महत्त्व है। उनके पिता खुदीराम के आराध्य थे भगवान् राम! राम की भक्ति करनी हो तो हनुमान से मुकाबला करना पड़ेगा। हनुमान से ज्यादा समर्पित कोई चरित्र रामायण में नहीं उभरता। वैसे भी भारतीय आत्माओं का इतिहास सर्वोच्च सत्ता की खोज में संलग्नता का इतिहास रहा है। शताब्दियों से महान् युग-पुरुषों की भीड़ सर्वोच्च सत्ता पर अपनी साधना की विजय के लिए कठिनतम प्रयास करती रही है। ऐसे ही प्रयास रामकृष्ण की साधना के अनिवार्य अंग रहे हैं। राम की भक्ति उन्होंने हनुमान बनकर की।

कंद-मूल-फल खाना, ज्यादातर समय पेड़ पर गुजारना, यह सब किया। उन्होंने हनुमान के चरित्र को जिया और साधना की। उन्होंने कहा, 'हनुमान पर ध्यान करते हुए मैं अपना अस्तित्व ही भूल गया। मेरी पहचान खो गई। मेरी पूरी दिनचर्या हनुमान की तरह हो गई। पीछे रीढ़ की हड्डी के पास करीब एक इंच हिस्सा बढ़ गया, लेकिन इस प्रयोग के बाद वह फिर ठीक हो गया।' साधना की परिसमाप्ति का अनुभव और भी अद्भुत है—'एक दिन मैं पंचवटी में बैठा था। ध्यान में नहीं था। अचानक एक महिला की आकृति उभरी—तेजोमय और ज्योतिर्मयी! उनकी कांति से पूरा परिसर जगमगा उठा। मैंने केवल उन्हें ही नहीं देखा। उनकी उपस्थिति में भी मुझे गंगा, पेड़ और परिसर सब कुछ यथावत् दिखाई दे रहे थे। मुझे लगा कि यह आकृति दैवीय नहीं, मानवीय है। वे उत्तर दिशा से मेरी तरफ बढ़ीं। मैं आश्चर्यचकित था कि वे कौन हैं और मेरी तरफ क्यों आ रही हैं। तभी एक बंदर कहीं से आया और उनके एक ओर बैठ गया। तभी मुझे लगा कि ये तो सीता हैं। मैं भावविभोर होकर उनके पैरों में गिरकर 'माँ' पुकारने ही वाला था कि वे मेरे शरीर में समाहित हो गईं। उनके चेहरे की तेजोमय मुसकान मेरे ओठों पर आ गई और मैं मूर्च्छित हो गया।

रामकृष्ण के जीवनानुभव भौतिक सिलसिलों से नहीं जुड़ते। इसलिए कहीं-कहीं अविश्वसनीय लगते हैं, फिर भी भावातीत ध्यान या भावातीत अनुभवों को आधुनिक विज्ञान ने अब तक तो खारिज नहीं किया है। इसलिए ये सभी धार्मिक प्रगति के अनिवार्य बंदनवार हैं।

एक बार रानी रासमणि गंगा में स्नान कर दक्षिणेश्वर आ गईं। उन्होंने काली की पूजा शुरू की। रामकृष्ण से आग्रह किया कि वे कुछ गाएँ। रामकृष्ण तन्मयता से 'माँ' का भजन गाने लगे। अचानक

वे रुके और उन्होंने रासमणि को दो तमाचे जड़ दिए, फिर जोर से चिल्लाकर बोले, 'यहाँ भी चिंता।' कई लोगों ने इस घटना को देखा, मगर बीच में कोई कुछ नहीं बोला। रानी के वहाँ से उठने पर कई लोगों ने कहा, 'यह तो ज्यादती है, गलती है।' रानी ने कहा, 'तुम्हें नहीं मालूम। मुझे 'माँ' ने दंडित किया है। वास्तव में मैं वहाँ बैठकर कोर्ट के एक प्रकरण के बारे में सोच रही थी।'

जब रामकृष्ण को अपनी अनुभूति या सिद्धि की पुष्टि की जरूरत हुई, तब उनके जीवन में एक संन्यासिनी आई। रामकृष्ण ने इन्हीं संज्ञाओं से उन्हें संबोधित किया है। एक बार वे गंगा किनारे फूल चुन रहे थे। रामकृष्ण ने देखा, सामने से आ रही नौका में एक संन्यासिनी बैठी हैं। उनके हाथ में चंद किताबें और कुछ कपड़े हैं। वे संभवतया चालीस बरस की रही होंगी, मगर अपनी उम्र से काफी युवा लग रही थीं। रामकृष्ण अनचाही कशिश महसूसने लगे, लेकिन उन्होंने अपने पर नियंत्रण किया और जल्दी ही अपने कमरे में आ गए। फिर भी वे शांत न रह सके। उन्होंने हृदय को बुलाया और संन्यासिनी की भाव-भंगिमा, वसन आदि बताकर बुला लाने को कहा। हृदय चौंका, रामकृष्ण कभी अपरिचित स्त्री में इतने उत्सुक नहीं दिखे। रामकृष्ण ने हृदय से कहा, 'सोचो नहीं, जाओ, उन्हें मेरे बारे में बताओ। वे आ जाएँगी।'

हृदय गया और उसने संन्यासिनी से निवेदन किया। वे तुरंत मंदिर आने के लिए राजी हो गईं। इस बात ने हृदय को चकित कर दिया। जैसे ही संन्यासिनी और रामकृष्ण आमने-सामने हुए। दोनों की आँखें भीग गईं। संन्यासिनी ने कहा, 'मेरे बच्चे, तुम यहाँ हो। हालाँकि मुझे पता था कि तुम कहीं गंगा के किनारे हो। मैं काफी समय से तुम्हें खोज रही थी। अब तुम मिले।' रामकृष्ण ने पूछा, 'माँ, तुम्हें कैसे

पता चला मेरे बारे में?'

संन्यासिनी भी माँ काली की उपासिका थीं। उन्होंने कहा कि माँ की करुणा से ही उसे पता चला कि मुझे तीन लोगों से मिलना है। दो से मैं मिल चुकी हूँ। उनके नाम हैं चंद्रा एवं गिरिजा और तीसरे तुम। संन्यासिनी बंगाल के जैसोर जिले की ब्राह्मण कन्या थी। फिर तो रामकृष्ण अपने अनुभवों के बारे में, सिद्धि के बारे में भैरवी को बताते रहे। अपनी साधना के बारे में, अनिद्रा के बारे में उन्होंने विस्तार से बताया। इतना ही नहीं, रामकृष्ण ने कहा, 'लोग उनकी ओर ऐसे देखते हैं जैसे वे उन्हें पागल समझते हों। माँ, क्या तुम बता सकती हो, मुझे ऐसे अनुभव क्यों हुए? यह क्या है? और क्या मैं सचमुच पागल हूँ? दिन और रात माँ की उपासना का नतीजा यह है।' वह संन्यासिनी आश्चर्य और आनंदातिरेक में रामकृष्ण को सुनती रही। उनका रवैया एकदम मातृवत् था। वे रह-रहकर रामकृष्ण को सांत्वना देती जातीं—मेरे बेटे, तुम्हें पागल कौन कहता है? तुम्हारी इस स्थिति को शास्त्रों में 'महाभाव' की स्थिति कहा गया है। इसका सीधा अर्थ यह है कि लोग तुम्हारी इस स्थिति के बारे में समझ नहीं पाते। ऐसे अनुभव सिर्फ राधा और गौरांग को हुए हैं। यह सब भक्ति के शास्त्रों में दर्ज है। भक्ति की कुछ पुस्तकें मेरे पास हैं। मैं तुम्हें बताऊँगी कि जिसने भी ईश्वर-प्राप्ति के लिए गंभीरतापूर्वक प्रयास किए हैं, वे सभी तुम्हारी इस स्थिति से होकर गुजरे हैं। इतना ही नहीं, जब भी कभी कोई भक्ति के इस मार्ग पर चलेगा, उसकी दशा तुम्हारी दशा से मिलती-जुलती होगी।

भैरवी अपने साथ रघुवीर की प्रतिमा रखती थीं। खुद ही बनातीं और भोजन करतीं। पंचवटी में उन्होंने अपना भोजन तैयार किया। रघुवीर की प्रतिमा निकाली और नैवेद्य के लिए आग्रह किया। रामकृष्ण

तब अपने कमरे में थे; लेकिन जैसे कोई उन्हें पंचवटी में बुला रहा था। वे अचेतन-से खिंचे चले गए वहाँ तक, जहाँ भैरवी नैवेद्य के लिए रघुवीर से आग्रह कर रही थीं। वे भी ध्यानस्थ हो गईं। उनके कपोलों पर आँसू बह रहे थे। ऐसे में रामकृष्ण ने प्रवेश किया और नैवेद्य के लिए लगी थाली उठाकर भोजन करने लगे। थोड़ी देर में भैरवी का ध्यान पूरा हुआ। उन्होंने देखा, रामकृष्ण भोजन कर रहे हैं। वे आह्लादित हो गईं। उन्होंने जो ध्यान में देखा, वह इस सबसे मिलता-जुलता था। रामकृष्ण भी चेतना में लौटे तो उन्होंने क्षमायाचना की। इस पर भैरवी ने कहा, 'मैं ध्यान में जो देख रही थी, वही तो आँखें खुलने पर देखा।' बरसों से वे जिस प्रतिमा की पूजा कर रही थीं, भैरवी ने उसे गंगा में प्रवाहित कर दिया। उन्हें रामकृष्ण में राम दिखाई दे गए।

माथुर बाबू का भरोसा भी रामकृष्ण में दिनोदिन बढ़ने लगा। एक दिन रामकृष्ण बरामदे में टहल रहे थे और ऊँचे स्वर में शिव महिम्न स्तोत्र गा रहे थे। माथुर बाबू पास की कुटी से उन्हें गौर से देख रहे थे। उन्होंने देखा कि कैसे आँसू उनके गालों को सहलाने लगे हैं। कुछ देर तो वे अपलक निहारते रहे, फिर उन्हें लगा कि ये रामकृष्ण नहीं हैं। अचानक माथुर बाबू दौड़ते हुए रामकृष्ण के पास गए और उनके पैरों में गिर गए।

उनके पैरों में गिरते ही रामकृष्ण की चेतना लौटी। जिन कुछ लोगों का रामकृष्ण सम्मान करते थे, उनमें माथुर बाबू भी एक थे। रामकृष्ण ने उनसे कहा, 'यह क्या कर रहे हैं? कोई इस तरह आपको देखेगा तो क्या सोचेगा? आखिर आप रानी रासमणि के दामाद हैं।' इसपर माथुर बाबू ने कहा, 'जब आप टहल रहे थे, तब मैंने देखा, आप जब मेरी ओर आने लगते तो लगता जैसे माँ काली, आ रही

हों, लौटते तो लगता, भगवान् शिव जा रहे हैं। मैंने अपनी आँखें मलकर देखा। पहले तो लगा, कहीं भ्रम न हो। मैंने जितनी बार भी देखने की कोशिश की, मुझे बिलकुल यही दिखाई दिया।' रामकृष्ण ने कहा, 'उस समय मैं होश में नहीं था। मुझे क्या हो रहा था, मुझे खुद नहीं मालूम।'

सर्दी आ गई। रानी बीमार पड़ गईं। उन्हें बुखार हो गया। तमाम इलाज के बाद भी वे २० फरवरी, १८६१ को चल बसीं। इसके बाद सारी संपत्ति की देख-रेख का पूरा भार माथुर बाबू पर आ गया। वे रामकृष्ण से कहा करते, 'सब आपका है। मैं तो आपका सेवक हूँ।' मगर रामकृष्ण उन्हें बख्शते नहीं थे। जरा भी भूल-चूक होती तो वे माथुर बाबू को डपट देते। वे भी कुछ इस तरह करते कि रामकृष्ण बाद में प्रसन्न हो जाते। इसी सबके चलते माथुर बाबू ने माँ काली के सोने के जेवर बनवाए। ऐसे अनेक काम किए। वे कहा करते, 'रामकृष्ण उस देश के निवासी हैं, जहाँ कभी रात नहीं होती।'

रामकृष्ण के जीवन में अनेकानेक ऐसे प्रसंग हुए जिन पर एकाएक आज विश्वास नहीं होता। रहस्य और विस्मय के बीच भी रामकृष्ण की दृष्टि चकित नहीं होती। वे जीवन के निर्द्वंद्व उत्तरों की ओर इशारा कर योगियों को भी ध्यान में प्रवृत्त कर देने में समर्थ थे। अहंकार की दहलीज उनके आँगन में बनी नहीं थी और उनसे भेंट के बाद कोई अपने घर में भी इसे रख नहीं पाता था। वे ईश्वर-प्राप्ति में पराशक्तियों को बाधा मानते थे। एक दिन चंद्र और गिरिजा देवी परमहंस के पास आए। उन्हें भैरवी अपने साथ लाई थीं। चंद्र और गिरिजा देवी की समस्या थी कि उन्हें कुछेक पराशक्तियाँ हासिल हो गई थीं, लेकिन अंतिम उत्तर नहीं सूझ रहा था। उन्होंने रामकृष्ण से पराशक्तियों का जिक्र किया और आगे मार्ग खोजने में उनकी मदद

चाही। बिलकुल वैसे ही जैसे किसी ने कहा है—

फलसफों को बहस के अंदर खुदा मिलता नहीं,
डोर को सुलझा रहे हैं, पर सिरा मिलता नहीं।

चंद्र की पराशक्तियाँ अद्‌भुत थीं। उन्हें दिव्य श्रुति और अतींद्रिय दृष्टि प्राप्त थी। वे बहुत दूर की बातें सुन लेते और कहीं कुछ घट रहा हो तो बता भी देते; मगर इस सबसे भी कुछ न हुआ। न तो वे परमात्मा के अहसास से भर सके, न अपने आपको एक धनाढ्य लड़की के मोहपाश में गिरने से रोक सके। इस सबका नतीजा उन्हें भुगतना पड़ा। चंद्र को बेहद लज्जित और अपमानित होना पड़ा। अतींद्रिय दृष्टि और दिव्य श्रुति के बावजूद उन्हें यह सब झेलना पड़ा। रामकृष्ण ऐसी किसी भी पराशक्ति का मजाक उड़ाया करते। वे एक कहानी सुनाया करते। परमहंस ने चंद्र और गिरिजा देवी को भी सुनाई—

एक आदमी के दो बेटे थे। बड़ा बेटा जवान होते-होते भिक्षु बन गया। बारह बरस साधना करता रहा, यहाँ-वहाँ भटकता रहा। छोटा भाई घर में रह गया। वह ठीक से पढ़ा, स्कूल गया। बड़ी शिक्षा हासिल की, विवाह किया। घर-गृहस्थी के साथ सांसारिक उत्तरदायित्वों का निर्वाह करने लगा। अच्छा कमा भी रहा था। बारह बरस तक दोनों भाइयों में कोई मुलाकात नहीं हुई। एक दिन भिक्षु को लगा कि वह अपने अनुज को देख आए। कम-से-कम हाल-चाल तो मालूम करे कि वह कुछ कर पाया कि नहीं। वह घर पहुँच गया। देखकर संतुष्ट हुआ कि छोटे ने अपना छोटा सा संतोषप्रद साम्राज्य बना लिया है। शाम ढले दोनों भाई भोजन पर बैठे। छोटे ने जिज्ञासावश प्रश्न किया— भैया, बारह बरस तक आप जंगलों में रहे। सच-सच बताइए, आपको

हासिल क्या हुआ? क्या पाया आपने?' बड़े भाई ने कहा, 'भोजन कर लो, फिर नदी पर चलेंगे, तब बताऊँगा।' भोजनोपरांत दोनों भाई नदी पर पहुँचे। बड़े भाई ने थोड़े-बहुत मंत्रोच्चार के बाद नदी पर चलना शुरू किया। वह देखते-देखते दूसरे तट पर पहुँच गया। फिर उसने छोटे से कहा, 'देखा, मैंने बारह बरस में यह पाया है।' छोटे भाई ने इस किनारे से नौका में नाविक को आधा आना दिया और बड़े भाई के पास किनारे पहुँच गया। उसने कहा, 'भैया, देखा, जो काम आधे आने में हो सकता है, उसे प्राप्त करने में आपने जीवन के इतने बरस लगा दिए। इसमें ईश्वर का साक्षात्कार कहाँ है?' छोटे भाई की बातों ने बड़े भैया में ईश्वर का अलख जगा दिया। वह फिर अपनी साधना में लग गया।

रामकृष्ण ने सुनाया—एक बार की बात है। कहीं एक योगी रहा करते थे। उन्हें वाक्-सिद्धि हो गई थी, यानी वे जो कहते, वह घट जाता। यदि वे किसी से कह दें कि तुम्हारी मृत्यु हो जाएगी अभी, तो आदमी वहीं दम तोड़ देता। वे फिर अपनी सिद्ध से उसे जिला भी देते। एक बार यात्रा करते हुए उस योगी की एक पुनीत साधु से मुलाकात हो गई। साधु सिर्फ ईश्वर का नाम-स्मरण कर रहा था। यही उसकी खोज की कुंजी थी और यही उसका जीवन था। थोड़ी देर बीतने पर योगी ने साधु से पूछा, 'यह क्या कर रहे हैं? नाम जपने भर से क्या होता है? आप तो शायद लंबे समय से यही कर रहे हैं। आपने इससे क्या पाया?' साधु ने जवाब दिया, 'मुझे क्या मिलना चाहिए था? मुझे कुछ चाहिए ही नहीं। मैं सिर्फ उसका साक्षात्कार चाहता हूँ और वह सिर्फ उस परब्रह्म की कृपा से ही संभव है। इसलिए मैं और कुछ कर ही नहीं सकता। नाम-स्मरण करके इस उम्मीद में बैठा रहता हूँ कि उसकी कृपा बरसेगी। जैसा स्वामी रामतीर्थ कहा करते थे—

गंगा किनारे बैठा हूँ किस-किस खयाल में
दरिया किनारे बैठा हूँ दरिया लिये हुए।

योगी ने कहा, 'यह सब व्यर्थ है। आपको कुछ पाने का प्रयास करना चाहिए, वरना जीवन हाथ से निकल जाएगा और आपको सिर्फ यातना ही हाथ लगेगी।' इसपर साधु ने पूरी विनम्रता से पूछा, 'वह सब तो ठीक है योगी, मगर यह बताने की कृपा करें कि आपने क्या पाया है? वैसे भी जब कोई इस बारे में सवाल पूछे तो वह उत्तर सुनने का नहीं, उत्तर देने का इच्छुक ज्यादा होता है।

इस पर योगी की आँखें चमकीं। उसे अब अपनी ताकत दिखाने का मौका मिला। योगी ने साधु को बताया, 'देखो, पीछे हाथी बँधा मदमत्त झूम रहा है।' उसने हाथी को आदेश दिया कि 'तुम अपनी उम्र जी चुके, अब बस, तत्काल मर जाओ!' वाक्य खत्म नहीं हुआ और हाथी एक आवाज के साथ धूल में लोट गया। थोड़ी देर बाद योगी ने हाथी से कहा, 'तुमने अभी जीवन का काम पूरा नहीं किया। लौट आओ।' इस दूसरे वाक्य के साथ ही हाथी धूल झाड़ता उठ खड़ा हुआ। अब तक चुपचाप करतब देखते साधु ने कहा, 'योगी, मैंने देखा, झूमता-झामता हाथी अचानक मर गया और फिर से जी गया; मगर इस ताकत के हासिल करने से आपको क्या मिला? क्या इस शक्ति ने आपको मृत्यु और पुनर्जन्म के बंधन से मुक्त करा दिया? क्या यह आपको बीमारी और वार्धक्य से बचा सकती है? क्या इससे आप ईश्वर का साक्षात्कार कर सकते हैं?' अबकी बारी योगी के चुप हो जाने की थी। उनके भीतर जिज्ञासा का दीया जल चुका था।

भैरवी, जो चंद्र और गिरिजा देवी को लाई थीं, अंतराल तक दक्षिणेश्वर में रहीं। उनसे रामकृष्ण ने अपनी समस्याओं का बड़ा अचूक इलाज खोजा। एक बार परमहंस पूरे बदन में जलन की शिकायत से

परेशान हो गए। जबरदस्त सिरदर्द और जलन। ज्यों-ज्यों सूरज चढ़ता, दर्द बढ़ता जाता। शुरुआत में डॉक्टरों की मदद ली गई, मगर कुछ न हुआ। देशी इलाज भी हुए। जैसे गंगा में डुबोया तौलिया सिर पर रखा गया, मगर कुछ न हुआ। भैरवी तब तक रामकृष्ण को पुत्रवत् मानने लगी थीं। रामकृष्ण की मनोदशा के उत्तरों को खोजने के लिए वे शास्त्र टटोला करतीं। उन्होंने पाया कि राधा और चैतन्य को भी इस तरह की तकलीफ से गुजरना पड़ा था। किसी शास्त्र में उन्होंने पढ़ा कि ऐसे में बदन पर चंदन लगाया जाता है। रामकृष्ण को भी चंदन का लेप किया गया और वे तीन दिन में ठीक हो गए।

इसी तरह साधना करते-करते एक बार रामकृष्ण की भूख जाग्रत् हो गई। उनके अनुसार—मैं भोजन भी कर लेता हूँ, तब भी मेरी क्षुधा शांत नहीं होती। ठीक वैसा ही लगता है जैसे मैंने भोजन नहीं किया है। इस पर भैरवी ने कहा कि यह सब भी अजूबा नहीं है। निग्रह एक के बाद एक होता है—इंद्रियों का भी, वस्तुओं का भी। एक साथ सबकुछ छूटता भी नहीं। छूट जाए तो जीवन चलता नहीं। जीवन आसक्ति के बीच ही साँस लेता है। आसक्ति डोर है। वह टूटी और जीवन खत्म। कम-से-कम तब जब जीवन को ध्यान के साथ जीना न आ जाए। उन्होंने आश्रम प्रबंधकों से कहकर एक कक्ष में ज्यादा-से-ज्यादा विभिन्न रुचियों का भोजन रखवा दिया। दो-तीन दिन रामकृष्ण उस कक्ष में ज्यादा-से-ज्यादा समय रहे, फिर सब कुछ सामान्य हो गया।

भैरवी करीब छह बरस तक दक्षिणेश्वर में रहीं। रामकृष्ण के लिए उनमें वात्सल्य था। वे स्वयं उच्च कोटि की तांत्रिक और अनेक सिद्धियों की स्वामिनी थीं। कहते हैं, उन्होंने अपनी सारी तपस्या-निधि रामकृष्ण पर खर्च की। उन्हें अपनी तमाम उपलब्धियाँ उसी तरह दे

दीं, जैसे एक माँ अपने बेटे को सब देकर गौरवान्वित होती है, जो भी उसके पास होता है, संज्ञा से प्रेम तक। भैरवी भी मानो रामकृष्ण जैसे बेटे की प्रतीक्षा में ही तपस्विनी हुई थीं।

रामकृष्ण सनातनी सोच के संभवतया अकेले संत हैं, जिन्होंने साकार उपासना के जरिए सत्य, ज्ञान, अनंत, नित्य ईश्वर को प्राप्त किया। यह स्थापना भी सन् १८६४ की है। तुलसी ने तो लिखा कि सगुण और निर्गुण उपासना में भेद नहीं है, रामकृष्ण ने ईश्वर को मूर्त रूप में हासिल किया।

एक दिन माँ काली की इच्छा से ही प्रख्यात वेदांतवादी दिगंबर तोतापुरी दक्षिणेश्वर आए। वे परिव्राजक थे। किसी भी जगह तीन दिन से अधिक न ठहरते। जब तोतापुरी आए तब दोपहर थी और रामकृष्ण मंदिर की सीढ़ियों पर बैठे थे। परमहंस को देखकर तोतापुरी अवाक् रह गए। इतना पारदर्शी व्यक्तित्व और ऐसी अनूठी काया, फिर भी तोतापुरी ने रामकृष्ण को संबोधित किया—

'वत्स, तुम सत्य के मार्ग पर काफी आगे बढ़ गए हो। तुम चाहो तो मैं तुम्हें और भी आगे बढ़ा सकता हूँ। मैं तुम्हें वेदांत की शिक्षा दूँगा।'

रामकृष्ण ने उनकी ओर निर्निमेष नेत्रों से देखते हुए कहा, 'माँ से पूछ लूँ।'

तोतापुरी फिर चौंक गए। उन्होंने कहा, 'अवश्य।' रामकृष्ण माँ के पास तक गए। वहाँ विधिवत् आज्ञा ली। माँ के आदेश के बाद ही उन्होंने वेदांताचार्य तोतापुरी से अध्ययन आरंभ किया। अगाध विश्वास, दैहिक प्रतीति, जैसा निश्चित भरोसा धरती के किसी पुजारी को आज तक नहीं हुआ, जैसा गदाधर को हुआ। इसी सबने उन्हें परमहंस बनाया। कोई और होता तो प्रश्न करता—आप कौन? मुझे

पढ़ाने में आपकी रुचि क्यों? इत्यादि। कई सवाल हो सकते थे, जो पूछे जा सकते थे, मगर नहीं पूछे गए। कुछ विधायी उत्तर होते हैं, जिनके बाद आज्ञात्मक मुहर तो लगाई जा सकती है, लेकिन प्रश्न नहीं उठाए जा सकते। रामकृष्ण ने भी यही किया। तोतापुरी और रामकृष्ण की भेंट भी बिरल और पुनीत मुलाकातों में से एक मानी जाती है, जिसमें सिर्फ सवाल-जवाब नहीं हैं, जिज्ञासा है और समाधान है। समाधान अनिवार्य रूप से जवाब नहीं होता। उसी तरह जिज्ञासा देह और आत्मिक धरातल पर पूरे प्राण से उपस्थित होती है। वह केवल शब्द और वाक्य का उछाला गया समुच्चय ही नहीं होती। रामकृष्ण जिज्ञासा बने और तोतापुरी समाधान।

हालाँकि आरंभ से पूर्व तोतापुरी ने कहा था, 'नए अध्याय के आरंभ से पूर्व तुम्हें पिछला सब भूलना होगा। तुम्हें भूलना होगा कि तुम ब्राह्मण हो या पुजारी। उन तमाम छोटी-बड़ी उपलब्धियों को विस्मृत करना होगा। धरती की तरह विवस्त्र और प्रतीकात्मक रूप में अपनी ही अंत्येष्टि करनी होगी। यहाँ तक कि अपने अहं और हृदय को भी भस्मीभूत करना होगा और तभी मैं तुम्हें संन्यास के लिए भगवा वस्त्रों से दीक्षित कर सकूँगा।'

तोतापुरी ने गदाधर को अद्वैत वेदांत पढ़ाना प्रारंभ कर दिया। अद्वैत वेदांत वेदांत का सबसे अमूर्त, वैचारिक और दुरूह हिस्सा है। अद्वैत का अर्थ है, जहाँ दो नहीं होता। ईश्वर और मनुष्य दो नहीं हैं। 'सोऽहम्' जो तू है, वही मैं हूँ। तुलसी ने उत्तरकांड के अंत में लिखा—

'सोऽहमस्मि इतिवृत्ति अखंडा' या शंकर ने कहा 'तत्त्वमसि'।

रामकृष्ण ने स्वयं बताया था कि तोतापुरी के विद्यारंभ के बाद सबकुछ आसानी से नहीं हो गया। सब चीजों से कटना तो मेरे लिए

बहुत मुश्किल नहीं था, लेकिन 'फॉर्म' से कटना, 'नाम' से कटना और फिर अचेतन स्थिति तक जाना या आत्मा में उतरना मेरे लिए कठिन था। एक बार तो मैंने तोतापुरी से कह भी दिया कि शायद यह मुझसे नहीं होगा। पर वे कहाँ माननेवाले थे। उनके अथक प्रयास से आखिर रामकृष्ण निर्विकल्प समाधि को पा गए। निर्विकल्प समाधि में न विषय रहता है, न वस्तु। सब ढह जाते हैं।

रामकृष्ण ने स्वयं माना कि 'इसके बाद द्वैतवाद खत्म हो गया। भीतर की द्वैत स्थितियाँ भी खो गईं। अनाकाश और मनाकाश एक हो गए। यह सब शब्दों और विचारों से परे की स्थिति है। उन्होंने कहा, 'जब मैं सोचता हूँ कि वह सर्वोच्च सत्ता निष्क्रिय है, तब वह न तो रचना करती है, न संवर्द्धन करती है, न बचाती है और न ही नष्ट करती है। उसे ब्रह्म या पुरुष कहा जा सकता है; लेकिन जब मैं उस सत्ता को सक्रिय मान लेता हूँ, तब वह रचना भी करती है, संवर्द्धन भी करती है, बचाती भी है और नष्ट भी करती है। ऐसे में मैं उसे शक्ति या माया या प्रकृति कहता हूँ। यह भेद भी इनकी विभिन्नता नहीं है। एक के बिना दूसरे को समझ पाना नितांत असंभव है। वह दिव्य माँ और ब्रह्म दोनों एक ही है।'

□

४

साधना के समंदर

मुद्दा यह कि रामकृष्ण को सबसे पहले भैरवी ने ही अवतार कहा; लेकिन वे सदैव इस बात से भिज्ञ नहीं रह पाती थीं कि रामकृष्ण अवतार ही हैं। वैसे भी इस तरह की बातें स्मरण रखना किसी भी मनुष्य के लिए असंभव है। मनुष्य की स्मृति जितनी स्मरण के लिए जानी जाती है उतनी ही विस्मरण के लिए भी जानी जाती है। कृष्ण और अर्जुन के सख्य भाव और जबरदस्त मैत्री के बावजूद अर्जुन को सदैव यह बात ध्यान में नहीं रहती थी कि कृष्ण अवतार हैं। भगवद्गीता के अध्याय ग्यारह में अर्जुन ने कृष्ण से कहा है—'हे महाबाहो! मुझे ब्रह्मांडनायक का वह भावातीत स्वरूप दिखाओ, जिससे मैं अपनी आस्था को और पुष्ट कर सकूँ।' इस पर कृष्ण ने कहा, 'ईश्वर के स्वरूप को समझने के लिए मानना पड़ेगा कि जैसे आकाश में एक साथ सहस्र सूर्य एक साथ उदित हो जाएँ, तब जैसी ज्योति, जैसा प्रकाश, जैसा दिव्यत्व पैदा होगा, ईश्वर लगभग उस दिव्यत्व की तरह वैसा है।'

भैरवी के ही निर्देशन में रामकृष्ण ने तांत्रिक साधना आरंभ की थी। यद्यपि इसके आरंभ से पूर्व भी उन्होंने माँ की आज्ञा ली थी। इसकी

वजह यह थी कि रामकृष्ण के मन में तांत्रिक साधना को लेकर आरंभ में कई तरह के सवाल थे। उनसे निजात का मात्र हल माँ काली की आज्ञा के अलावा और कुछ नहीं हो सकता था।

तांत्रिक अनुशासन में हर वस्तु या घटना के पीछे ईश्वर की उपस्थिति मानी जाती है। इस अंतर्दृष्टि में जो अवरोध आते हैं, पहला है आकर्षण और दूसरा है विमुखता। ये दोनों ही वे चीजें हैं, जो मनुष्य को दृष्टि के पार देख पाने से रोकती है। बहरहाल, रामकृष्ण ने जल्दी ही तंत्र में भी गति पा ली। उन्हें कई पराशक्तियाँ भी हासिल हो गईं। हालाँकि उनका लक्ष्य इन शक्तियों को पाना कदापि नहीं था और न ही उनका भरोसा इस सब में था। यही वजह है कि पराशक्तियाँ आ तो गईं, लेकिन वे उन्हें नुकसान नहीं पहुँचा सकीं। अंत में जब उनका इस्तेमाल न किया गया तो वे चली भी गईं। उदाहरण के लिए, कहा जाता है कि रामकृष्ण पशु और पक्षियों की आवाज पहचान लेते। वे उनमें भेद कर लेते। वे बता पाते कि पंछी रो रहा है या साथी को बुला रहा है। इतना ही नहीं, जिसे अनाहत ध्वनि कहते हैं, उसे भी रामकृष्ण सुन लेते थे। इसे ही दिव्यश्रुति भी कहा जाता है। इसे ब्रह्मांड की ध्वनि की संगति भी कहते हैं, जिसे सुन पाना सामान्य कर्णेंद्रियों से संभव नहीं है।

रामकृष्ण ने वर्ष १८६१ से १८६३ तक तंत्र की साधना की। उनका मानना था कि दैहिक प्रलाप सभी को समय-समय पर अपनी जरूरत बताते रहते हैं; लेकिन उन्हें दबाना ठीक नहीं, उनकी गति और दिशा को मोड़ना होता है, फिर सब ठीक हो जाता है।

रामकृष्ण की अपनी मान्यताओं में धर्म संगति की मान्यता अत्यंत महत्त्वपूर्ण है। वे भक्ति, ज्ञान, प्रेम और बंधुता से सभी को जोड़ते हैं। उनकी इसी अवधारणा ने केशवचंद्र सेन को प्रभावित किया। सेन

रामकृष्ण से मिलने से पहले धर्मों की संगति में भरोसा नहीं रखते थे। संभवतया इसीलिए तोतापुरी से वेदांत का ज्ञान हासिल करने के उपरांत भी रामकृष्ण ओ३म् को ईश्वर का सबसे प्राचीन नाम मानते थे। आज भी भारत और अन्य देशों में ओ३म् की अत्यंत प्रतिष्ठा है। 'ॐ' ईश्वरीय विचार या ईश्वरीय सत्ता को दरशानेवाला सर्वमान्य शब्द है। इसकी विशेषता यह है कि यह किसी एक देवता और पद्धति को व्यक्त नहीं करता। यही वजह है कि यह किसी भी समुदाय या व्यक्ति के लिए स्वीकार योग्य है। 'ॐ' को अपनाने में किसी को भी आपत्ति नहीं होती।

'ॐ' का चुनाव ही ईश्वरीय सत्ता जैसी वृहद्, व्यापक और महत्त्वपूर्ण इकाई के लिए क्यों किया गया? कोई और भी तो शब्द हो सकता था। इसके लिए हिंदुओं का तर्क बड़ा सीधा-सादा और प्रभावोत्पादक है। मनुष्य के विचार में ईश्वर अत्यंत व्यापक संज्ञा है। इसीलिए ईश्वर को व्यक्त करता इतना ही व्यापक कोई शब्द चाहिए था, और व्यापक शब्द क्या हो सकता था?

निश्चित ही वही ऐसा शब्द हो सकता था, जो उच्चारण में गले, मुँह और जिह्वा सभी का एक साथ इस्तेमाल करवा सके। यह ध्वनि आधारित शब्द है। भौतिक-शास्त्र में हुई नई खोजों ने साबित किया है कि ध्वनि का अपना प्रभाव है। संस्कृत में ध्वनि के ऐसे अनेक प्रयोग हैं, जिनसे शब्द का अर्थ के अनुवाद के अलावा भी इस्तेमाल है। इसमें ॐ भी एक है 'अ' 'उ' 'म' लगभग यह ध्वनि 'ॐ' के उच्चारण में प्रयुक्त होती है।

भारतवर्ष में जब कोई विद्यार्थी किसी गुरु के पास विद्यारंभ के लिए जाता था, तब उसे गुरु एक मंत्र देता था। हर मंत्र के आगे 'ॐ' अनिवार्य रूप में होता। विद्यार्थी को दिए गए मंत्र पर ही एकाग्र करना

होता और बाद में भी जीवन भर वह उसका बीज-मंत्र होता। यह गुरु और शिष्य में आध्यात्मिक शृंखला का काम करता। मंत्र की लगातार पुनरावृत्ति 'जप' कहलाती है। 'जप' को अहर्निश करना होता है। जप की पद्धति हिंदू, बौद्ध, कैथोलिकों में पाई जाती है। जप महत्त्वपूर्ण है और प्रभावकारी भी। इसकी उपयोगिता को समझाने की आज के दौर में तो शायद जरूरत भी नहीं रह गई है। आज के दौर में यदि टेलीविजन का एक-एक विज्ञापन सामूहिक सामाजिक चेतना को इतना अधिक मथ देता है कि बच्चे गरमियों में उसे गाते रहते हैं, तो जप चेतना पर कैसे प्रभाव नहीं डालते होंगे।

जप का मूल प्रभाव व्यक्ति के संघटन में और फिर उसके चरित्र में दिखाई देने लगता है। रामकृष्ण भी जप पर विश्वास करते। अहर्निश 'माँ' के ध्यान ने उन्हें 'काली माँ' में जैसे गूँथ दिया था।

कहते हैं, वर्ष १८६४ में एक परिव्राजक जटाधारी संत दक्षिणेश्वर पहुँचे। वे भगवान् राम के पुजारी थे, अनन्य भक्त थे। इतने कि अपने साथ राम के बचपन की एक प्रतिमा रखते थे। बचपन के राम को 'रामलला' कहा जाता है। आज भी उत्तर-पश्चिमी भारत में लड़कों को 'लला' और लड़कियों को 'लाली' कहा जाता है। रामलला की वह प्रतिमा अष्टधातु की बनी थी। रामकृष्ण ने अपनी साधना से ध्यान में जाकर देखा कि जटाधारी कोई आम साधु नहीं है। वे पूजा की अतल गहराइयों में लंबी दूरी तय कर चुके हैं। सामान्यतः वे प्रतिमा और रामलला में भेद ही नहीं करते। वे दोनों को एक ही मानते। रामकृष्ण ने स्वयं इस कहानी को सुनाते हुए कहा—

'जैसे-जैसे दिन बीतने लगे, मुझे लगा कि रामलला दिनोदिन और ज्यादा चाहने लगे हैं। मैं जितने समय तक जटाधारी के साथ होता, रामलला भी मेरे आस-पास होते और खेलते रहते। इतना ही नहीं, जब

मैं जटाधारी को छोड़कर अपने कमरे में जाता तो रामलला भी पीछे-पीछे आ जाते। मैंने कई बार उन्हें मना किया कि वे मेरे कमरे में न आया करें, मगर वे थे कि मानते ही नहीं। कई बार तो मुझे लगा कि शायद यह मेरा भ्रम है। वे जटाधारी को छोड़कर कैसे मेरे पास आ सकते हैं। ऐसे में, जबकि जटाधारी पूरे समय केवल रामलला का ही ध्यान करते हैं, मगर मैं अपनी पूरी चेतना में देखता कि रामलला यहाँ-वहाँ दौड़ रहे हैं, फूल तोड़ रहे हैं, गंगा में कूद रहे हैं। मेरे लगातार कहने के बाद भी वे मानते नहीं। मैं कहता रह जाता—नदी में ज्यादा देर रहने से सर्दी लग जाएगी या फूल तोड़ते समय काँटें भी लग सकते हैं, मगर मेरी किसी हिदायत का उन पर कोई प्रभाव नहीं पड़ता। कभी-कभी वे मेरी ओर ऐसे निहारते कि मैं उन्हें अपलक देखता रह जाता या वे मुझे मुँह चिढ़ाते रहते। इस पर मैं कभी-कभी तो सचमुच नाराज हो जाता। एक दिन तो मैंने उनसे कह भी दिया। ठहर तो, मैं तेरी हड्डियों का चूरमा बना दूँगा। इतना मारूँगा कि अकल दुरुस्त हो जाएगी। मगर जैसे ही उसने मेरी तरफ आँखों में आँसू भरकर देखा, मुझे गहरा विषाद हुआ।

"एक बार मैं गंगास्नान के लिए जा रहा था। रामलला भी पीछे पड़ गए—मैं भी साथ चलूँगा। नदी में नहाना है। बहुत समझाने पर भी वे नहीं माने। मुझे गुस्सा आ गया। पास ही नदी थी। मैंने कहा, 'जब तक नदी में रह सकते हो, रहो।' थोड़ी ही देर में उन्हें साँस लेने में दिक्कत होने लगी। फिर मैं अपने पर लगभग खीझते हुए उन्हें बाँहों में उठाए लौटा।"

स्वामी श्रद्धानंद ने अपनी पुस्तक में इसका जिक्र किया है। उन्होंने लिखा कि उस समय भी बहुत सारे विद्यार्थी वहाँ थे। वे सभी इस कहानी को अविकल मानने को तैयार नहीं थे। वे इसे निरी गप्प या

कपोल कल्पना मानते, मगर बावजूद इसके ये सारी बातें रामकृष्ण ने स्वयं सुनाई थीं। इसलिए उस पर अविश्वास करने का कोई कारण नहीं था। श्रद्धानंद ने लिखा—"इस कहानी को जितनी आप पचा सकें उतनी मान लें। इतना ही नहीं, यदि आप चाहें तो इसके प्रारंभ और अंत को भी काट दें।" मगर श्रद्धानंद ने आगे कहा, "आप मानें या न मानें, लेकिन मैं इसके हर शब्द पर भरोसा करता हूँ।"

एक दिन रामकृष्ण ने सुनाया—रामलला यहाँ-वहाँ कूदते-फाँदते उनके कमरे में आ गए और जैसे बच्चे किसी भी चीज में व्यस्त हो जाते हैं, वे भी हो गए। जटाधारी ने उनके लिए बड़े यत्न से भोजन बनाया था। वे रामलला को यहाँ-वहाँ खोजते हुए रामकृष्ण के कमरे में आए। उन्होंने रामलला का हाथ पकड़ा और डपटा—'आजकल तुम्हें मेरी कतई चिंता नहीं है। मेरे परिश्रम की भी नहीं। मैंने तुम्हारे लिए भोजन बनाया और तुम हो कि भागते फिर रहे हो। तुम्हें मेरी चिंता क्यों होने लगी? तुमने तो अपने पिता की परवाह भी नहीं की। मरणासन्न शय्या पर उन्होंने तुम्हें कई बार पुकारा। यहाँ तक कि देह त्याग कर दिया, मगर तुम नहीं लौटे।' इस तरह प्रलाप करते हुए जटाधारी उन्हें अपने साथ ले गए। साँझ वे फिर लौटे रामकृष्ण के पास, मगर इस बार बेहद शांत। उन्होंने कहा, 'रामलला ने मुझे वह दिव्य स्वरूप दिखाया, जिसकी मैं कई वसंतों से प्रतीक्षा कर रहा था। उन्होंने यह भी इच्छा जाहिर की कि वे यहीं रहना चाहते हैं। अब मैं जा रहा हूँ। मेरे जीवन की सभी इच्छाएँ पूरी हो गईं। अब न दृष्टि कुछ देखना चाहती है, न नासिका कुछ सूँघना, जैसे सभी कामनाएँ लुप्त हो गई हों।' तभी से रामलला की प्रतिमा दक्षिणेश्वर में प्रस्थापित रही, मगर अब नहीं है। वह प्रतिमा चोरी हो गई है और अब तक नहीं मिली। जटाधारी इस घटना के बाद गए तो फिर कभी दक्षिणेश्वर नहीं लौटे।

छांदोग्य उपनिषद् के अनुसार ब्रह्मनिष्ठ महापुरुष मातृलोक, स्वर्गलोक, सखिलोक, पितृलोक में मात्र संकल्प के आधार पर आवागमन कर सकते हैं। पंचदर्शी में भी है कि ब्रह्मज्ञ पुरुष सिद्ध संकल्प और सर्वज्ञ होते हैं। रामकृष्ण परमहंस भी ब्रह्मस्वरूप हो गए थे। उन्होंने माँ काली से कहा भी था—''तू और मैं अलग-अलग नहीं हैं, एक ही हैं। जीवों के कल्याण के लिए तू भक्ति लेकर भावमुख अवस्था में रह। अनेक भक्त तेरे पास आएँगे। तू उन सबका उपकार करना।'' धर्म संगति रामकृष्ण की अपनी भावधारा थी। उन्होंने कहा था, ''मुझे सभी धर्मों को एक-एक बार स्वीकार करना पड़ा है। देखा कि ईश्वर एक ही है। सभी विभिन्न टेढ़े-मेढ़े रास्तों से होकर उसी में विलीन हो रहे हैं।'' यही बात शिव महिम्न स्तोत्र में कही गई है, जो स्वामी विवेकानंद को सबसे अधिक पसंद थी।

रुचिनां वैचित्र्या दृजु कुटिल नाना पथ जुषाम्।
नृणाऽमेको गम्य स्तवमसि पयसा मर्णव ईव॥

एक समय एक सूफी संत दक्षिणेश्वर आए। उनका नाम गोविंद राय था। उनकी सरलता, साधुता और सहिष्णु प्रवृत्ति ने रामकृष्ण को प्रभावित किया। वे उनसे दीक्षित भी हुए। बाजाप्ता उन्होंने उनसे भी साधना करना सीखा। इस बीच रामकृष्ण अल्लाह के मंत्र का जप करने लगे। इतना ही नहीं, दिन में पाँच बार नमाज भी अदा की। रामकृष्ण की इस साधना के समय उन्होंने मंदिरों में जाना बंद कर दिया था। इसलिए ऐसे में हिंदू पद्धति में साधना का तो सवाल ही नहीं उठता था। कहते हैं, तीन दिन तक लगातार उनकी साधना से प्रसन्न होकर उन्हें पैगंबर हजरत मोहम्मद के दर्शन हुए। आपने 'एक ईश्वर' और 'एक मजहब' का संदेश दिया था। इसके बाद रामकृष्ण की मीमांसा थी कि

हिंदू और मुसलमानों की साधना-पद्धति में भेद अवश्य है, लेकिन पहुँचने के स्थान, यानी गंतव्य एक ही है। यही वजह है कि रामकृष्ण मानते थे कि वेदांत दर्शन के प्रकाश में इसलाम और सनातन दर्शन का भेदभाव समाप्त हो सकता है। यह परमहंस की धर्म की संगति को दरशाता है।

ऐसी ही एक घटना का जिक्र ईसा मसीह के दर्शन का भी आता है। सूफी संत गोविंद राय से भेंट के करीब डेढ़ बरस बाद एक दिन रामकृष्ण कलकत्ता के गिरजाघर के बाहर खड़े हो गए। देर तक वहाँ चल रही उपासना को देखते रहे। दक्षिणेश्वर में ही दक्षिण दिशा की ओर यदु मलिक का उद्यान भवन है। यदु बाबू और उनकी माँ रामकृष्ण की देवता समान आराधना किया करते थे। भवन की दीवारों पर अनेक चित्रों के साथ माता मरियम और प्रभु यीशू का चित्र भी लगा था। एक दिन उस चित्र को देखते हुए रामकृष्ण की समाधि लग गई। उन्हें लगा कि चित्र से आभा विकिरित हो रही है। इतना ही नहीं, उसकी विकिरित किरणें रामकृष्ण में प्रवेश कर रही हैं। इसी भावदशा में उन्होंने उस गिरजाघर को भी देखा, जहाँ ईसाई भक्तों को ईसा मसीह की उपासना करते देखा था। करीब तीन दिन तक वे ईसा मसीह के औरे में ही विचरण करते रहे। तीसरे दिन पंचवटी में टहलते हुए उन्होंने देखा, एक गौरवर्णी देवमानव उनकी तरफ आ रहा है। उन्हें कुतूहल हुआ और उन्होंने स्वयं से पूछा—यह कौन हो सकता है? फिर थोड़ा रुककर उनके भीतर से आवाज आई—ईसा मसीह। वे दोनों एक-दूसरे की तरफ बढ़ते गए, फिर ईसा मसीह ने रामकृष्ण को आलिंगन में बाँध लिया और देह रामकृष्ण में समाहित हो गई।

बाद में रामकृष्ण ने अपने शिष्यों से पूछा, 'तुममें से किसी ने बाइबिल पढ़ी है? उसमें ईसा मसीह का शारीरिक गठन कैसा बताया

गया है ? मैंने देखा तो मुझे तो उनकी नाक थोड़ी दबी हुई लगी थी।' हालाँकि बौद्ध, जैन और सिख धर्म के पंथ पर रामकृष्ण की साधना करने का उल्लेख कहीं नहीं मिलता, फिर भी जैन धर्म के तीर्थंकरों और नानकदेव के प्रति रामकृष्ण की श्रद्धा अपार थी। बुद्ध के बारे में वे कहते थे कि वे तो दशावतार थे। ब्रह्म अटल, अचल, निष्क्रिय और बोधस्वरूप है।

माथुर बाबू अपनी पत्नी के साथ मथुरा, वृंदावन, काशी आदि तीर्थ-स्थानों की यात्रा का विचार और प्रबंध कर रहे थे। वे रामकृष्ण को 'बाबा' पुकारने लगे थे और उनके बिना एक पल भी नहीं रह पाते थे। थोड़ी उधेड़बुन, थोड़ा ऊहापोह और फिर 'बाबा' से निवेदन कि वे भी साथ चलें। उनहें सुखद आश्चर्य हुआ, जब माथुर बाबू ने रामकृष्ण को प्रस्ताव दिया और उन्होंने सहर्ष स्वीकृति दे दी। यह बात १७ जनवरी, १८६८ की है। यात्रा में हृदयराम भी साथ गए। तब तक हृदय की पत्नी का देहावसान हो गया था। तीर्थयात्रा शुरू होते-होते करीब सौ लोग जुड़ गए। पहले-पहल पड़ा वैद्यनाथ धाम। सभी पैदल वैद्यनाथ शिव के दर्शन करने जा रहे थे। रास्ते के दोनों ओर खड़े गरीब आदिवासी लोगों की दशा ने रामकृष्ण को द्रवित कर दिया। उन्होंने माथुर बाबू से कहा, 'तुम माँ के दीवान हो। माँ की दुःखी संतानों की दशा देख रहे हो। पहले तुम इन्हें सिर में लगाने के लिए तेल, एक-एक नई धोती और भरपेट भोजन देने का प्रबंध करो।' वे लोग संख्या में काफी थे, इसलिए माथुर बाबू ने ना-नुकुर की और रामकृष्ण से निवेदन किया कि यात्रा में बड़ा खर्च होगा, फिर इनकी संख्या भी ज्यादा है। इस पर रामकृष्ण नाराज हो गए। उन्होंने कहा, 'दूर हो जा मूर्ख! मुझे तेरे साथ काशी नहीं जाना है। मैं इन्हीं लोगों के साथ रहूँगा। इनका कोई नहीं है।' उन्होंने कहा ही नहीं, बल्कि वे यह सब कहते हुए गरीब

संथालों के बीच बैठ गए।

एक बार माथुर बाबू रामकृष्ण के पीछे पड़ गए। वे जान तो चुके ही थे कि इस देह की खोखल में परमात्मा का निवास है। करीब रहते-रहते माथुर बाबू को लगा कि समाधि में उन्हें भी उतरना है। वे रामकृष्ण से कहने लगे, 'ऐसा कुछ कर दो कि मुझे समाधि लग जाए।' रामकृष्ण हँसने लगे। उन्होंने माथुर बाबू से कहा, 'समय आने दो। अपने आप घट जाएगा। यह एकदम घटनेवाली घटना है। इसके लिए आयोजन नहीं करते। समाधि घटी और सांसारिक बंधन तथा देव समर्पण के बीच सामंजस्य बैठाना भी अपने आप आ जाएगा।' मगर माथुर बाबू माने नहीं। उन्होंने यहाँ तक कह दिया, 'एक बार आप माँ से कहेंगे तो मैं समाधि को उपलब्ध हो जाऊँगा।' हारकर रामकृष्ण ने कहा, 'ठीक है। माँ जैसा ठीक समझेगी करेगी।' कुछ दिन बीते, कलकत्ता में ही माथुर बाबू समाधिस्थ हो गए। वह पूरी समाधि भी नहीं थी। वह समाधि की लहर जैसी थी। रामकृष्ण ने बताया, 'वह एकदम दूसरा आदमी हो गया था। बदला हुआ आदमी। ईश्वर का जिक्र आने पर रोने लगता। उसकी आँखें न सोने की वजह से लाल हो गई थीं और सूज भी गई थीं।' रामकृष्ण को देखते ही माथुर बाबू उनके पैरों में गिर गए। कहने लगे, 'अपनी समाधि आप ही रखो। हम तो ऐसे ही अच्छे हैं। माथुर बाबू ने कहा, 'मेरे पिता, मैं हार गया। मैं पिछले तीन दिनों से इस स्थिति में हूँ। इस बीच सांसारिक कामों में मैं अपना मन भी नहीं लगा पा रहा, रामकृष्ण ने कहा, 'मैंने तो तुम्हें मना किया था, फिर उन्होंने माथुर बाबू के सीने पर हलकी मालिश की और वे अपनी चेतना में लौट आए।'

कलकत्ता की कोलूतोलाह जगह पर वैष्णवियों का एक मंदिर है। एक बार रामकृष्ण भी वहाँ पहुँच गए। ये लोग चैतन्य महाप्रभु को मानते हैं। उस मंदिर में कीर्तन होता रहता। लोग झूमते रहते। मंदिर में एक

स्थान खाली छोड़ा हुआ था, लेकिन उसे फूलों से सजाया जाता। उस स्थान को ये लोग चैतन्य का स्थान कहते। इनकी मान्यता थी कि वे अब भी हैं। यहीं हैं और उस स्थान पर बैठे हुए हैं। कीर्तन परवान चढ़ा। रामकृष्ण हृदय के साथ वहाँ गए थे। चुपचाप आखिरी कतार में बैठे, मगर कीर्तन की लौ जैसे ही बढ़ी, रामकृष्ण भावातीत दशा में चले गए। इतना ही नहीं, कूदकर उस जगह पर मुद्रा बनाकर खड़े हो गए। कुछ समय तो हर्षोद्रेक बना रहा, लेकिन थोड़ी ही देर में वह क्षोभ में बदल गया। चैतन्य प्रेमी व्यथित थे। उस जगह रामकृष्ण चले गए। कुछ लोगों ने इसकी भर्त्सना की और कुछेक रामकृष्ण के पक्ष में दलील देने लगे। बात यहीं खत्म नहीं हुई। कुछ लोग इस घटना की शिकायत लेकर भगवानदास बाबाजी के पास पहुँचे। भगवानदास वैष्णवी भक्तों में सबसे प्रतिष्ठित साधुई चरित्र के पुनीत महात्मा थे। वे भी इस घटना को सुनकर चिंतित हो गए। उन्होंने अपनी राय जताने के साथ आगंतुकों को आगाह किया कि खयाल रखें, आइंदा ऐसा न हो पाए।

कुछ समय बाद रामकृष्ण और हृदय चैतन्य महाप्रभु की जन्मस्थली नदिया के लिए रवाना हुए। रास्ते में कालना पड़ता था। भगवानदास बाबाजी यहीं रहा करते थे। कालना में रामकृष्ण के रुकने की व्यवस्था थी। उन्हें पता तो था ही कि यहीं बाबाजी रहते हैं।

रामकृष्ण और हृदय ने बाबाजी के दर्शन का विचार किया और चल पड़े। वहाँ पहुँचकर अचानक रामकृष्ण संकोची हो गए। वे बाहर ही ठिठक गए और अंदर हृदय को भेजा। हृदय ने बाबाजी को प्रणाम किया। उन्होंने हृदय को नजर उठाकर देखा और कहा, "तुम्हारे आने में सिर्फ तुम्हारे आने की ही खबर नहीं है, बल्कि किसी परमात्मा के आने की भी सूचना है; मगर तुम तो अकेले हो और जो संदेश मुझे मिला है, वह तो किसी दिव्य आत्मा के आने का है।"

थोड़ी ही देर में रामकृष्ण भी भीतर आ गए। बाबाजी के पास और भी शिष्य बैठे थे। संभवतया वे कुछ समझा रहे थे। हृदय ने संवाद आरंभ करते हुए कहा, "मेरे काका (रामकृष्ण) ने सबकुछ प्रभु अर्पण कर दिया है। एक अंतराल से वे ऐसे ही जीवन बिता रहे हैं। वे आपसे भेंट करने आए हैं।" कुछ देर ठहरकर हृदय ने बाबाजी से कहा, "आप जप करते भी हैं और करवाते भी हैं। आप जिस स्तर पर पहुँच गए हैं, वहाँ जप की जरूरत रह जाती है?" बाबाजी ने कहा, "नहीं, सच तो यह है कि मैं जहाँ पहुँच गया हूँ, वहाँ जप की जरूरत नहीं रहती; मगर मैं अपने शिष्यों से कहता हूँ कि ऐसा जप करें कि उदाहरण बन जाएँ। ये सभी वैसा ही करते हैं जैसा मैं करता हूँ। इसलिए मुझे भी जप करना होता है।"

रामकृष्ण को बाबाजी की गर्वोक्तियाँ अच्छी नहीं लगीं। उनके लिए अप्रत्याशित था कि ऐसा पुनीत हृदय ही ऐसा दंभ रखता है। रामकृष्ण अचानक उत्तेजित हो गए। उन्होंने कहा, "तुम समझते हो कि तुम इन्हें पढ़ाते हो? तुम अब तक भी अपने बारे में इसी तरह सोचते हो? तुम समझते हो कि ईश्वर की इच्छा के बिना तुम दुनिया को पढ़ा सकते हो? तुम्हें गुरु बनाया किसने?"

रामकृष्ण की इस डाँट में कुछ भी व्यक्तिगत नहीं था। जैसे वह समूची मानवता को संबोधित कर रहे हों। उनका चेहरा देदीप्यमान हो गया था। लग रहा था जैसे उनके चेहरे से विकिरण हो रहा हो। इस बीच रामकृष्ण का अंगवस्त्र काँधे से गिर गया। इतना ही नहीं, फीता भी खुल गया। वे निर्वस्त्र खड़े बोल रहें हैं। सब खामोश। गहरी निस्तब्धता में उठी प्रेरणा की तरह। बाबाजी भी पहुँची हुई हस्ती थे। वे समझ गए कि शब्द सत्य की अतल गहराइयों से आ रहे थे। तर्कातीत। इसके बाद दोनों की अकेले में चर्चा हुई और दोनों समाधिस्थ

हो गए। इसी बीच बाबाजी को भान हुआ कि रामकृष्ण बहुत आगे तक पहुँच चुके हैं। समाधि के बाद उन्हें पता चला कि रामकृष्ण वही हैं, जो चैतन्य के स्थान पर खड़े हो गए थे। किसी और को पता हो न हो, उन्हें तो ज्ञात था ही कि वे स्वयं भी इस पर पर्याप्त कुपित हुए थे। वे इस बात पर बहुत झेंपे और उन्होंने रामकृष्ण से इस गलती के लिए क्षमायाचना की। इतना ही नहीं, रामकृष्ण के स्थान छोड़ने से पहले बाबाजी ने कहा, "दरअसल, आप ही उस स्थान पर बैठने के योग्य पात्र हैं।"

कालना से होकर परमहंस नदिया गए। यह महाप्रभु गौरांग की जन्मस्थली है। कालना से परमहंस नौका से ही वहाँ तक पहुँचे थे। जैसे-जैसे तट नजदीक आता गया, रामकृष्ण भाव-विभोर हो गए। एक क्षण तो ऐसा आया कि वे भावोद्रेक में नाव के किनारे खड़े हो गए। एकाएक उन्हें मूर्च्छा आ गई। वह तो नाविक और हृदय ने सँभाल लिया, वरना वे नदी में गिर जाते। बाद में रामकृष्ण ने बताया—'दो बच्चे नदी किनारे की रेत से दौड़ते हुए आए और मेरी देह में समा गए।' दो बच्चे, यानी महाप्रभु चैतन्य और नित्यानंद। कहा जाता है कि चैतन्य की मूल जन्मस्थली तो नदी में समाहित हो गई। अब जो है, वह तो दूसरी बसाहट है; मगर तब तक रामकृष्ण को यह बात मालूम नहीं थी कि चैतन्य और नित्यानंद की जन्मस्थली जलप्लावन का शिकार हो चुकी है।

करीब सोलह बरस के साहचर्य के बाद एक बार फिर माथुर बाबू टायफाइड से ग्रस्त हो गए। रामकृष्ण कभी उन्हें देखने नहीं गए। वे जान चुके थे कि अब उनके देह त्यागने का समय आ गया है। माँ ने उन्हें बुलावा भेज दिया है। इस पर भी वे हृदय को रोजाना उनका हालचाल जानने भेजते। एक दिन उन्होंने हृदय को हालचाल जानने भी नहीं भेजा

और गहरी समाधि में उतर गए। करीब तीन घंटे तक इसी भावदशा में रहने के बाद रामकृष्ण ने हृदय से कहा, 'करीब पाँच बजे माथुर बाबू देवलोक चले गए।' देर रात को दक्षिणेश्वर खबर आई कि बाबू नहीं रहे।

एक दिन एक शिष्य ने रामकृष्ण से पूछा, ''परमहंस, क्या बाबू का पुनर्जन्म होगा?'' इस पर परमहंस ने कहा, ''शायद वह प्रिंस बनकर आएगा।'' फिर वे किसी गहरे सोच में उतर गए।

□

६

...मरिहैं संसारा!

जैसे कबीर ने कहा—'हम न मरिहैं मरिहैं संसारा', रामकृष्ण की निजी उपपत्ति भी यही थी। विभिन्न धर्मों से अध्यात्म की त्रिवेणी में गोता लगाकर वे परमहंस हो गए। उनके वैचारिक अनुष्ठान और ध्यान की सुवास चारों ओर फैलने लगी। खुशबू सिर्फ उपवन में कैद भीनी उर्वशी का नाम नहीं है। चिरंतन सुवास सिर्फ ध्यान से घटती है। धीरे-धीरे लोग जुटने लगे। जिज्ञासु और पिपासुओं की कतार लग गई। इसी दौर में इनकी भेंट देवेंद्रनाथ ठाकुर, केशवचंद्र सेन और स्वामी दयानंद सरस्वती से भी हुई। इनके अलावा पं. ईश्वरचंद्र विद्यासागर से भी परमहंस की चर्चा हुई।

पंडितजी बीरसिंह गाँव के थे। यह गाँव रामकृष्ण के गाँव कामारपुकुर के पास ही है। पं. ईश्वरचंद्र भी बड़े अध्येता, लेखक और मानव-प्रेमी के रूप में अपनी पहचान बना चुके थे। इतना ही नहीं, उन्हें आधुनिक बँगला का चितेरा और संस्कृत व्याकरण व कविता का महापंडित भी माना जाता है। उनके मानव-प्रेम की वजह से उनका नाम घर-घर प्रसिद्ध था। वे अपनी आय का अधिकांश हिस्सा विधवाओं,

अनाथों और जरूरतमंदों पर खर्च करते। केवल मनुष्यों के प्रति ही नहीं, पंडितजी पशुओं के प्रति भी उतने ही संवेदनशील थे। उन्होंने कई बरस दूध महज इसलिए नहीं पिया, ताकि वे बछड़ों से उनका हक न छीनें। इसी तरह वे कई साल घोड़ा गाड़ी पर सिर्फ इसलिए नहीं बैठे, ताकि अपने आराम के लिए उसे परेशानी न उठानी पड़े।

एक दिन रामकृष्ण ने अपने शिष्य महेंद्रनाथ गुप्त से पूछा, 'क्या तुम मुझे ईश्वरचंद्र के पास ले जा सकते हो?' महेंद्रनाथ ने तत्काल उनकी इच्छा पंडितजी को बताई। उन्होंने कहा, किसी शनिवार को चार बजे उन्हें ले आएँ। उनके मन में भी रामकृष्ण को लेकर बड़ा कुतूहल था। उन्होंने महेंद्रनाथ से पूछा भी कि क्या परमहंस गेरुए वस्त्र पहनते हैं? उन्होंने कहा, 'नहीं, कतई नहीं। परमहंस एकदम सामान्य मनुष्य हैं। वे लाल किनारेवाली बड़ी धोती पहनते हैं और उसे ही कंधे पर लटकाते हैं। बाहर से देखने पर तो वे बड़े सिद्ध भी नहीं दिखाई देते, मगर भीतर खुलते ही आप पाएँगे कि वे सिवा ईश्वर के दिन-रात और कुछ स्मरण नहीं करते। सोते-जागते, उठते-बैठते उनका विमर्श सिर्फ ईश्वर से होता है।'

उस समय पंडितजी सेंट्रल कलकत्ता में रहते थे। ५ अगस्त को रामकृष्ण महेंद्रनाथ, भावनाथ और हजरा के साथ पंडितजी के निवास पर पहुँचे। घोड़ा गाड़ी से उतरते-उतरते परमहंस समाधि की दशा में आ गए। इसे जाने बिना ही महेंद्रनाथ बताने लगे कि कभी यहाँ राजा राममोहन राय रहा करते थे। रामकृष्ण की भृकुटियाँ तन गईं। उन्होंने कहा, 'मैं अब इन चीजों की परवाह नहीं करता।' मगर तुरंत ही वे फिर शिशुवत् हो गए। पंडितजी का मकान अंग्रेजी शैली का था। चारों तरफ हरा लॉन और उसके आस-पास बड़ा सा परकोटा। मकान दोमंजिला था। पंडितजी ऊपर थे। रामकृष्ण से वे करीब सोलह-सत्रह बरस बड़े

थे। बड़ा कक्ष, कक्ष के दूसरे सिरे पर एक टेबल लगी थी। वहीं पंडितजी बिराजे हुए थे। पास ही एक बेंच थी। कुछ लोग पहले से ही वहाँ बैठे हुए थे।

रामकृष्ण फिर समाधि की दशा में जाने लगे। उन्होंने तत्काल पानी माँगा। इस पर पंडितजी ने उठकर उनका अभिवादन किया और कुछ मिष्टान्न भी ले आए। तब तक वह कक्ष खचाखच भर गया। सभी उत्सुक थे कि प्रामाणिक शास्त्र और अनुभवातीत भावदशा का संवाद कैसा होता है। रामकृष्ण ने कहा, 'अब तक तो मैं पोखरों, जलाशयों और नदियों के पास गया हूँ। पहली बार सागर पर आया हूँ।' पंडितजी अपना पूरा नाम 'विद्यासागर' के साथ लिखते थे। इस पर उन्होंने कहा, 'तब तो आपको खारा जल भी यहाँ से ले जाना पड़ेगा।' परमहंस ने कहा, 'नहीं-नहीं, तुम तो ज्ञान के सागर हो।' सभी ठठाकर हँस दिए। बातचीत आगे बढ़ते हुए ब्राह्मण के ज्ञान की ओरचली गई। रामकृष्ण 'ब्रह्म जानेति ब्राह्मण:' की तर्ज पर कहने लगे, 'सारे विश्व में ज्ञान और अज्ञान का द्वैत है, कामिनी और कंचन का द्वैत है, अच्छाई और बुराई का द्वैत है; लेकिन ब्राह्मण इससे परे होता है। जैसे एक आदमी लैंप की रोशनी में भगवद्गीता पढ़ता है और दूसरा उसी रोशनी में चोरी करता है, लेकिन लैंप घटना से अप्रभावित रहता है। ऐसा ही ब्राह्मण होता है। इसी वजह से वर्ग और वर्ण के अलावा कोई समझा नहीं सका कि ब्राह्मण होता क्या है। पंडितजी चौंककर बोले, 'अरे, आज तक यह बात किसी ने नहीं कही। पहली बार कुछ मौलिक सुनने को मिल रहा है।'

फिर पंडितजी ने पूछा, 'क्या ईश्वर ने सभी को अलग-अलग शक्ति दी है, यानी किसी को कम या किसी को ज्यादा?' इस पर रामकृष्ण ने कहा, 'ईश्वर सर्वव्यापी है। वह सब जगह विद्यमान है। सभी में व्यक्त होता है और सभी में उस चीज के अस्तित्व के अनुपात

में व्यक्त होता है। अस्तित्व ही ईश्वर है। लोग तुम्हारा सम्मान क्यों करते हैं? तुम्हारे सींग उगे हैं क्या? सभी हँसने लगे—नहीं, क्योंकि तुममें ज्ञान के रूप में ईश्वर व्यक्त हुआ है। सिर्फ अध्ययन से कुछ नहीं होता। बड़े अध्येता होने से भी कुछ नहीं। इसका कुल जमा इतना मतलब है कि आप ईश्वर को जानने के मार्ग तलाश सको, उसका अहसास कर सको।' रामकृष्ण अनवरत बोल रहे थे। उन्होंने कहा, 'किसी तीर्थ-स्थान पर चैतन्य देव बैठे थे। उन्होंने देखा, एक आदमी जोर-जोर से गीता पढ़ रहा है। दूसरा थोड़ी दूर पर पड़े पत्थर पर बैठा था और रो रहा था। चैतन्य देव ने पूछा—भाई, तुम क्यों रो रहे हो? तुम्हें पता है, इसमें क्या कहा जा रहा है? तुमको संस्कृत आती है? उसने कहा—महाराज, जो कुछ भी पढ़ा जा रहा है, मुझे इसका एक अक्षर भी समझ में नहीं आ रहा, न मैं संस्कृत जानता हूँ। मुझे तो ऐसा लग रहा है कि एक तरफ कृष्ण हैं और दूसरी तरफ धनुर्धारी अर्जुन और कुछ कहा जा रहा है। कृष्ण को बार-बार कुछ समझाना पड़ रहा है। मैं यह सब देख सकता हूँ, इसलिए रो रहा हूँ।'

रामकृष्ण ने कहा, 'हमारा सारा संताप, सारी तकलीफ संत्रास की वजह से व्यवस्थागत नहीं है। वह हमारे 'मैं' के अस्तित्व की वजह से अस्तित्व में होती है।' रामकृष्ण ने कहा, 'ईश्वर को महज तर्क से नहीं समझा जा सकता। पुस्तकें देखकर भी नहीं। उसे तो 'रियलाइज' करना पड़ता है। ईश्वर तर्कातीत है।' कहते-कहते परमहंस अपनी भावदशा में आ गए। वे गाने लगे, जिसका भावार्थ है—'सृष्टि में ऐसा कौन है, जो समझ सके कि काली क्या है? षड्दर्शन भी उसके दर्शन की महिमा नहीं बता सकते।' गाते-गाते वे समाधि में चले गए। पूरा कक्ष मौन यह सब देख रहा था। प्रश्न उठ ही नहीं रहे थे, जैसे सभी उस भाव-समाधि से झरे उत्तर के निर्झर में नहा रहे हों। पंडितजी भी

अवाक् थे। वे परमहंस से अपनी नजरें नहीं हटा पा रहे थे। धीरे-धीरे परमहंस की संज्ञा लौटी। उन्होंने कहा, 'ईश्वर को समझने का माध्यम है समाधि, समर्पण और प्रेम।'

ऐसी ही उनकी भेंट सबसे अलग-अलग, मगर हरेक के लिए यादगार रही केशवचंद्र सेन ब्राह्मसमाज की अगुआई करते थे। ब्राह्मसमाज ने १९वीं सदी में भारत के पुनर्जागरण में अपना महत्त्वपूर्ण योगदान दिया। इसकी स्थापना राजा राममोहन राय (१७७४-१८३३) ने की थी। वे स्वयं एक कट्टरपंथी ब्राह्मण परिवार में जनमे; लेकिन उनमें ईसाई और इसलाम को लेकर पर्याप्त सदाशयता थी। वे बौद्ध रहस्यों की पड़ताल के लिए तिब्बत भी गए थे। वर्ष १८२८ में ब्राह्मसमाज की स्थापना हुई। यह सभी के लिए खुला था। बिना रंग, लिंग, जाति भेद के सभी के लिए इसमें समान और पर्याप्त अवसर थे। देवेंद्रनाथ ठाकुर (१८१७-१९०५) इसके संयोजक थे। रवींद्रनाथ ठाकुर इन्हीं के बेटे थे।

देवेंद्रनाथ के शारीरिक और आध्यात्मिक सौंदर्य, धारदार बौद्धिकता और कवि जैसी संवेदनशीलता ने उन्हें पढ़े-लिखे बंगालियों का अगुवा बना दिया। वे सब उन्हें महर्षि कहते। वे साकार उपासना के विरोधी थे। उनका मानना था कि ईश्वर सबसे बड़ी सत्ता है। उसने बिना किसी के सहारे सृष्टि की रचना की। वह सर्वव्यापी और अनंत और समयातीत है या अक्षयकाल है। अक्षयकाल, यानी सदैव। एक काल के बीतने पर दूसरा काल या समय जैसे अपने आप आ जाता है और समय कभी खत्म नहीं होता। ईश्वर ऐसा ही है। वह होता ही है। इसी ब्राह्मसमाज के नेता थे केशवचंद्र सेन (१८३८-१८८४)। उनका जन्म एक बंगाली परिवार में हुआ और शिक्षा-दीक्षा अंग्रेजी स्कूल में। उन्हें संस्कृत नहीं आती थी। बाद में ब्राह्मसमाज में भेद हो गए। केशवचंद्र ने नया

ब्राह्मसमाज बनाया, जिसका नाम ब्राह्मसमाज ऑफ इंडिया रखा और देवेंद्रनाथ ठाकुर के ब्राह्मसमाज को आदि ब्राह्मसमाज कहा गया।

देवेंद्रनाथ ठाकुर से रामकृष्ण के संबंध बड़े आत्मीय थे; लेकिन देवेंद्रनाथ का बिरादरी-दंभ रामकृष्ण को खलता था। वे उसे धोने-पोंछने में जुट गए। हालाँकि इससे कई बार रामकृष्ण को नीचा भी देखना पड़ा, लेकिन जैसे एक माँ कीचड़ में सने बेटे को उसकी गंदगी की परवाह न कर साफ करने में जुटी रहती है, परमहंस भी जुटे रहे, जब तक उन्होंने देवेंद्रनाथ को सचमुच वह दृष्टि नहीं दे दी, जिसे वे ऊर्ध्वमुखी कहा करते थे।

वर्ष १८७५ में केशवचंद्र सेन दक्षिणेश्वर से कुछ मील दूर वेलधरिया में रहते थे। एक दिन रामकृष्ण हृदय और अपने कुछ शिष्यों के साथ केशव से मिलने चले गए। रामकृष्ण लाल किनारेवाली धोती को काँधे पर टिकाए दाखिल हुए। उस समय केशव के कुछेक शिष्य भी बैठे थे। शुरुआत में उन्हें रामकृष्ण में कुछ खास नहीं दिखा। रामकृष्ण ने ही संवाद आरंभ किया। कहा, 'मैंने सुना है कि आपने ईश्वर को देखा है। मैं उसी के बारे में सुनने आया हूँ।' थोड़ी-बहुत चर्चा के बाद रामकृष्ण ने काली का एक भजन गाना शुरू किया और समाधि में चले गए। यह सब भी केशव और साथियों को ज्यादा प्रभावित न कर सका, इसलिए भी कि न तो उन्हें समाधि की जानकारी थी, न ऐसा कोई अनुभव। थोड़ी देर बाद जब हृदय ने परमहंस के कान में 'ॐ' की ध्वनि की तब रामकृष्ण की संज्ञा लौटी। अब बारी उन लोगों के चौंकने की थी। फिर रामकृष्ण ने ईश्वर को समझाते हुए एक कहानी कही। उन्होंने कहा, 'चार अंधे थे। वे कहीं जा रहे थे। रास्ते में उन्हें एक हाथी मिला। सभी ने हाथी को यहाँ-वहाँ छूकर देखा, फिर सभी चल दिए। आपस में बात करते हुए एक ने कहा—हाथी सूप जैसा

होता है, क्योंकि उसने कान छुआ था। एक ने कहा हाथी—खंभे जैसा होता है, क्योंकि उसने पैर छुआ था। सभी ने इस तरह अपना-अपना अनुभव सुनाया। ऐसा ही ईश्वर के बारे में है। हर व्यक्ति अपना अनुभव सुनाता है। जैसा उसने जाना, वही उसका आवश्यक सत्य होता है। ठीक इसी तरह से एक दिन एक आदमी ने पेड़ पर चलते गिरगिट को देखा। उसने कहा—गिरगिट एकदम लाल रंग का था। एक और शख्स वहाँ खड़ा था। उसने कहा—कैसी बातें करते हो भाई, मैं भी उसी पेड़ के पास खड़ा था। उसका रंग हरा था। एक तीसरे आदमी ने कहा—संभवतया मैं तुम लोगों से पहले उस पेड़ के पास खड़ा था। वह न लाल था, न हरा, वह तो नीला था। वे लोग आपस में झगड़ने लगे कि आखिर सही कौन है। भाग्य से एक और आदमी वहाँ पहुँच गया। सभी ने अपनी-अपनी बात रखी और न्याय चाहा। उसने कहा—तुम सभी सही हो। वह कभी लाल, नीला-हरा या कभी-कभी बे-रंग का भी होता है। ईश्वर को भी सभी अपने-अपने रंग में देखते हैं। यह तो ईश्वर की कृपा ही है, जिससे उसका अनुभव हो पाता है।

रामकृष्ण कहते जा रहे थे और उनके शब्द बिना तर्क केशवचंद्र सेन में गहरे उतरते जा रहे थे। उनकी आवाज और कथ्य ने केशव को इतना तो समझा ही दिया कि रामकृष्ण के अनुभव प्रामाणिक हैं। वे सिर्फ पढ़ और सुनकर नहीं कह रहे हैं। बाद में रामकृष्ण ने कहा, 'केशव, अब तुम्हारी पूँछ गिर गई है।' फिर अपने कथन को समझाते हुए उन्होंने कहा, 'तुमने टेडपोल (मेढक) को देखा है। वह छोटा होता है तो पानी में होता है। तब उसकी पूँछ होती है, मगर जब वह पूँछ गिर जाती है तो वह जमीन और पानी दोनों जगहों पर आसानी से रह लेता है। वैसे ही अज्ञान की पूँछ के विसर्जित हो जाने पर कोई भी संसार सागर में और ईश्वर में दोनों जगह रह सकता है; लेकिन जब तक पूँछ

न गिरे, वह सिर्फ भव-सागर में ही रह सकता है और अब तुम एक साथ दोनों जगह रह सकते हो। जब परमहंस दक्षिणेश्वर चले गए तो भी केशव का मन लगा नहीं। उन्होंने अपने कुछ शिष्यों को दक्षिणेश्वर भेजा। कहा कि रामकृष्ण कैसे रहते हैं? क्या करते हैं? सब देखें और उन्हें आकर बताएँ। धीरे-धीरे वे सभी गंभीर आध्यात्मिक चर्चाओं में उतरते गए। रामकृष्ण भी केशव के पास जाने-आने लगे और केशव भी अपने साथियों के साथ दक्षिणेश्वर आने लगे। केशव के मन में रामकृष्ण के प्रति अपार स्नेह और आदर था। वे जब भी दक्षिणेश्वर जाते, अपने साथ फल ले जाते और रामकृष्ण के चरणों के समीप बैठकर अध्यात्म की गहराई और वैदिक दर्शन को समझते। कुछ लोगों का मानना है कि केशव रामकृष्ण के अनुयायी नहीं थे। वे उन अर्थों में तो अनुयायी नहीं थे जिन अर्थों में शिष्यत्व माना जाता है, लेकिन उन्होंने परमहंस से काफी कुछ सीखा। इतना ही नहीं, रामकृष्ण ने उन्हें अपने शिष्य जैसी ही निजता दी।

केशवचंद्र सेन ने अपनी बेटी की शादी मात्र चौदह बरस की उम्र में कूच-बिहार के महाराज से कर दी। यह ब्राह्मसमाज के नियमों के विपरीत था। लोगों ने उनकी जबरदस्त निंदा की। इतना ही नहीं, साधारण ब्राह्मसमाज भी बना लिया। इससे केशव को बड़ा आघात लगा। उस समय उनके पक्ष में सिर्फ रामकृष्ण थे। उस समय परमहंस ने उनकी अंगुली पकड़कर उन्हें ध्यान की यात्रा कराई। इतना ही नहीं, केशव ने परमहंस से ही होम करना, यज्ञोपवीत वगैरह सीखा और कुछेक चीजों का पालन भी करने लगे। यह सब ब्राह्मसमाज का अंग नहीं था। इतना ही नहीं, वे रामकृष्ण की वजह से ही मानने लगे कि हर कर्म का पथ ईश्वर की ओर जाता है।

अपने तमाम भाषणों में रामकृष्ण से मिलने से पहले उन्होंने कभी

नहीं माना कि सभी धर्मों का रास्ता ईश्वर की ओर जाता है। जब कभी रामकृष्ण केशव से मिलने चले जाते और वे कुछ बोल रहे होते तो सभा समाप्त कर दी जाती। वे उठकर परमहंस का अभिवादन करते। बावजूद इसके यह भी सही है कि केशव ने रामकृष्ण का अनुशीलन सौ प्रतिशत नहीं किया, मगर जो और जितना भी किया वह उन्हें शिष्य की परिधि में तो लाता है। केशव ही नहीं, ब्राह्मसमाज का हर धड़ा रामकृष्ण से प्रभावित था। दोनों तरफ के अनेक शिष्य आते और ईश्वर के संबंध में, ध्यान और समाधि के संबंध में प्रश्न भी करते तथा प्रयोग भी। एक दिन रामकृष्ण ने केशव से भी कहा, 'ईश्वर को पिता की तरह प्रेम करो। प्रश्न न उठाओ। एक छोटा बच्चा अपने पिता को सिर्फ प्यार करता है। बाकी सब उसके पिता के जिम्मे है—उसकी सुरक्षा, व्यवस्था, कपड़े और जीवनोपयोगी तमाम अन्य वस्तुएँ।'

वे कहा करते, 'ईश्वर को कोई बाँध नहीं सकता। कोई उसकी परिधि तय नहीं कर सकता। वह आकार भी ले सकता है और निराकार तो है ही। जैसे पानी निराकार है, लेकिन बर्फ जमते ही वह साकार हो उठता है।' रामकृष्ण के इन्हीं तर्कों और प्राणवान् अनुभवों ने ब्राह्मसमाज के जिज्ञासुओं को सोचने पर मजबूर कर दिया कि साकार उपासना करनेवाले भी मूर्ख नहीं हैं। केशवचंद्र सेन के अत्यंत करीबी प्रतापचंद्र मजूमदार ने एक पत्रिका में रामकृष्ण परमहंस पर लेख लिखा कि 'रामकृष्ण का धर्म क्या है ? वैसे तो वह पारंपरिक हिंदूवाद है, मगर थोड़ा भिन्न तरह का हिंदूवाद। इसलिए भी कि रामकृष्ण किसी एक हिंदू देवता या देवी की उपासना नहीं करते। वे न तो शैव हैं, न शाक्त, न वैष्णव, न वेदांती—फिर भी वे सभी हैं, एक साथ। वे शिव की पूजा भी करते हैं और काली की भी, राम की भी और कृष्ण की भी, फिर भी वे वेदांत दर्शन के हक में रहते हैं। इस सबके बावजूद वे निराकार, अनंत और नित्य ईश्वर को

मानते हैं, जिसे वे अखंड सच्चिदानंद कहते हैं।'

ब्राह्मसमाज के एक और तेजस्वी व्यक्तित्व पं. विजयकृष्ण गोस्वामी भी रामकृष्ण के चुंबकीय क्षेत्र में आए बिना नहीं रह सके। वे देवेंद्रनाथ ठाकुर के साथ ब्राह्मसमाज में आए, फिर केशवचंद्र सेन की परिधि में रहे, लेकिन कूच-बिहार राजा से केशव की बेटी के ब्याह के बाद वे उनसे छिटक गए, फिर वे दक्षिणेश्वर आने लगे। रामकृष्ण के संपर्क और संसर्ग में वे उन सभी बातों को मानने लगे, जिन्हें वे ब्राह्मसमाज में रहते हुए अंधविश्वास माना करते थे। रामकृष्ण के साथ गोस्वामी अपने साहचर्य को सीधे-सीधे स्वीकार भी करते थे। बाद में केशव और गोस्वामी अपने-अपने धड़ों के नायक बन गए; लेकिन दोनों रामकृष्ण के पास आते रहे—उसी प्रेम, आस्था और अध्ययन की लगन के साथ। इसी समाज के कंपोजर और गायक त्रैलोक्यनाथ सान्याल भी रामकृष्ण की ओर आकर्षित हुए बिना नहीं रह सके। इन्हें चिरंजीव शर्मा के नाम से भी जाना जाता है। परमहंस की भावातीत ध्यानावस्था ने सान्याल को सैकड़ों ऐसी धुनें दीं, जो अब भी बंगाल की विशेष धुनें मानी जाती हैं।

ब्राह्मसमाज के लोगों के साथ ही और-और जिज्ञासुओं का आना दक्षिणेश्वर में बढ़ गया। रामकृष्ण सभी जिज्ञासुओं के साथ बड़े शांति और धैर्य से सभी के सवालों का जवाब देते। कहते हैं, कभी उन्होंने मंदिर की वेदी पर खड़े होकर अपने इन्हीं शिष्यों को, जिज्ञासुओं को आवाज दी थी कि तुम लोग कहाँ हो? यहाँ आओ, मेरे बच्चो! वर्ष १८७९ में ब्राह्मसमाज की पत्रिकाओं में रामकृष्ण पर कई लेख छपे। इससे उनके भविष्य के शिष्य तेजी से उस चुंबकीय क्षेत्र की ओर खिंचने लगे। इतना ही नहीं, मध्यम वर्गीय बंगाली समाज भी रामकृष्ण की ओर मुड़ गया। इनमें सभी तरह के लोग थे। विश्वविद्यालय की डिग्रीवाले, अपढ़, ज्ञानी और योगी, आस्था और कर्मवाले, पंडित और

विश्वासी। इन सबको रामकृष्ण ने वेदांत पढ़ाया।

रामकृष्ण की शिक्षा अपनी तरह की थी। वे क्रिया और शब्दों से ज्यादा अपने शिष्यों के हृदय को लबालब कर देते थे। उन्होंने किसी नए मठ की घोषणा नहीं की। कोई नया धर्म चलाने का गुरुडम खड़ा नहीं किया। वे लोगों की सीमाओं को अच्छी तरह से जानते थे। इसलिए वे मानते भी थे कि जो बात एक के लिए अच्छी हो सकती है, वही दूसरे के लिए कठिनाई भरी हो सकती है। वे कहते थे, 'उस एक ईश्वर को जानो, उसे जानने से तुम सभी कुछ जान जाओगे। एक के बाद शून्य लगाते हुए सैकड़ों और हजारों की संख्या प्राप्त होती है, परंतु एक को मिटा देने से शून्य का कोई महत्त्व नहीं रह जाता। एक ही के कारण शून्य का महत्त्व है। पहले एक, बाद में बहु। पहले ईश्वर, बाद में जगत्।' उनका कहना था—'जब तराजू का एक पलड़ा दूसरे पलड़े से भारी होकर झुक जाता है तो उसका निचला काँटा ऊपरवाले से हट जाता है। इसी प्रकार जब मनुष्य का मन कामिनी-कंचन के भार से संसार की ओर झुक जाता है, तो वह ईश्वर में एकाग्र नहीं हो पाता, वह उनसे दूर हट जाता है।'

रामकृष्ण वास्तव में धर्म का वास्तविक स्वरूप समझाने की कोशिश में लगे रहे। इतना ही नहीं, उन्होंने सर्वधर्म समभाव का मंत्र भी हर धर्म से रखा। अंतरंग पार्षद तो बाद में जुड़े। इससे पहले ही शंभु मलिक, कृष्ण किशोर, गौरी पंडित, पद्म लोचन आदि ने रामकृष्ण के दर्शन कर उन्हें अवतार कहकर घोषणा की थी। उनकी भाव-समाधि से मुग्ध होनेवालों में पं. शशधर तर्क चूड़ामणि, डॉ. राजेंद्र मित्र, डॉ. महेंद्रलाल सरकार, बंकिमचंद्र चट्टोपाध्याय, अमेरिका के मि. कुक शामिल थे।

दक्षिणेश्वर में ताँता लगा रहता। लोग कहते—परमहंस हमारा

बेड़ा पार कैसे होगा? हम तो पापी हैं। वे हँसकर कहते—जो अपने को पापी समझता है, वह पापी हो जाता है। ज्वलंत विश्वास चाहिए। मैंने भगवान् का नाम लिया है, फिर मुझमें पाप कैसा? उनकी वाणी जादू जैसा असर करती। वे कहा करते—जैसे लोग काँच की अलमारी में भीतर रखी चीजें बाहर से ही देख लेते हैं, ऐसे ही मैं भी आदमी को देखकर उसके भीतर के भावों को देख लिया करता हूँ।

'मानवगुरु मंत्र देते हैं कान में और जगद्गुरु मंत्र देते हैं प्राण में। रामकृष्ण भी अपने भक्तों और जिज्ञासुओं में आध्यात्मिक शक्ति का संचार कर उनकी कुंडलिनी जगा दिया करते थे। इसी से उनका साधना मार्ग खुल जाता और वे ध्यान करने लगते, जिज्ञासु की योग्यता और अधिकार देखकर ही रामकृष्ण शक्तिपात करते थे। इस बीच वे भावावेश में आकर जिज्ञासु की जिह्वा, मस्तक को छू देते। इससे तुरंत ही वह अंतर्मुखी हो जाता और उसकी निजी खोज शुरू हो जाती। रामकृष्ण ने एक बार भावोद्रेक में कहा था—'जिस किसी ने हृदय से जप, ध्यान किया है, भगवान् को हृदय से पुकारा है, उसे यहाँ मेरे पास आना ही पड़ेगा।' उन्होंने कहा, 'जो मेरा नाम जपेगा, उसको मैं अंतिम समय हाथ पकड़कर मुक्तिधाम ले जाऊँगा।'

रामकृष्ण के प्रसंग में कुछ भी सिर्फ सैद्धांतिक नहीं है। उन्होंने सर्वधर्म समभाव कहा तो यह कोरी धर्मनिरपेक्षता नहीं थी। उन्होंने जब इसलाम की साधना की तो वे संपूर्ण मुसलमान हो गए, यहाँ तक कि वे उन दिनों काली मंदिर में प्रणाम करने भी नहीं गए। उनका जप सिर्फ अल्लाह था। अनुभव की ऐसी प्रामाणिकता और कहीं नहीं मिलती। उन्होंने अपने अनुभव से यह भी बताया कि ईश्वरोपलब्धि के लिए पहाड़, गुफा, तीर्थ जाने की जरूरत नहीं है। जो जहाँ है, जिस धर्म में पैदा हुआ है, वहीं अपने जीवन का चरम लक्ष्य हासिल कर सकता है।

यही बात कृष्ण ने 'गीता' में कही—'स्वधर्मः निधनः श्रेयः परधर्मः भयाऽवहः'। अपने स्वभाव में स्थित रहो। वही तुम्हारा धर्म है।

इस तरह रामकृष्ण परमहंस न केवल समकालीन चिंतकों के साथ, बल्कि अपने हर जिज्ञासु के साथ एक सी निर्दोषिता और निर्निमेष स्थिति से मिला करते। देवेंद्रनाथ ठाकुर से वे ईश्वर के बारे में शिशुवत् प्रश्न भी पूछा करते। केशवचंद्र सेन से भी कुछ भी सीखने को तत्पर रहते थे। वे कहते, 'मैं जन्मजात शिष्य हूँ। सब पदार्थ मेरे शिक्षक हैं और मैं प्रत्येक वस्तु से शिक्षा ग्रहण करता हूँ।'

ऋषि दयानंद सरस्वती से भी रामकृष्ण की भेंट हुई। वे १५ दिसंबर, १८७२ से १५ अप्रैल, १८७३ तक कलकत्ता में रहे। इसी समय ब्राह्मसमाज में ऋषि दयानंद की भेंट परमहंस से हुई। वे उन्हें महान् समाज-सुधारक मानते थे। वे कहा करते थे, 'देवेंद्रनाथ ठाकुर और केशवचंद्र सेन के मुकाबले दयानंद में आध्यात्मिक शक्तियों का विकास कम हुआ है।'

□

६

परिव्राजक नरेंद्र

१२ जनवरी, १८६३ को कलकत्ता के एक कुलीन क्षत्रिय परिवार में नरेंद्रनाथ दत्त का जन्म हुआ। वैसे क्षत्रिय योद्धा माने जाते हैं, लेकिन इस दत्त परिवार की प्रतिष्ठा मानव-प्रेमी और अध्येता परिवार के रूप में थी। अच्छा संपन्न परिवार। नरेंद्र के दादाजी दुर्गाचरण की रुचि आरंभ से ही मठवासी थी। बावजूद इसके दुर्गाचरण ने विवाह किया और अपनी संतान होने पर फिर घर त्याग दिया। विरक्ति उनमें उठी थी, उन्होंने सीखी नहीं थी। एक दिन उनकी पत्नी बेनार पहुँचीं। निश्चित ही वह दुर्गाचरण की उम्मीद में ही बेनार गई होंगी। आकस्मिक स्थिति कहें या संयोग या फलश्रुति कि वे किसी मंदिर की ओर जा रही थीं और टकराकर गिर गईं। उन्हें उठाया ही दुर्गाचरण ने। दोनों ने एक-दूसरे को पहचाना, आँसू बहने लगे और दुर्गाचरण ने एक पल की भी देर नहीं की और न इस बात की परवाह की कोई क्या कहेगा, वे पत्नी के साथ हो लिये। उनके बेटे विश्वनाथ ने कानून की पढ़ाई की थी। वे धर्म-कर्म की बातों का परिहास उड़ाया करते; लेकिन उनका परिहास शिष्ट होता, तार्किक होता। विश्वनाथ बाद में कलकत्ता हाईकोर्ट के

एटॉर्नी जनरल हो गए। उन्होंने खूब संपदा अर्जित की और उसी तरह खुले हाथ और दिल से खर्च भी किया। वे हमेशा गरीबों और जरूरतमंदों में खर्च करने के लिए याद किए जाते। एक बार नरेंद्र ने अपने पिता विश्वनाथ से कहा, 'जो लोग शराब पीने में अपना पैसा खर्च कर देते हैं, उनकी मदद तो कम-से-कम नहीं करनी चाहिए।' इस पर पिता से नरेंद्र ने कहा, 'एक दिन तुम जान जाओगे कि दुनिया में कितना दुःख है, कितनी तकलीफ है, पीड़ा है।' विश्वनाथ ने कभी अपने बच्चों को किसी भी बात पर झिड़का तक नहीं। एक दिन नरेंद्र ने अपनी माँ से गुस्से में कुछ कह दिया। विश्वनाथजी को पता चला तो उन्होंने दरवाजे पर लिखकर टाँग दिया कि 'आज नरेंद्र अपनी माँ से ऐसे बोला'। उसी दिन इत्तफाक से नरेंद्र अपने मित्रों के साथ घर आया था। वह बेहद शर्मसार हुआ, इस संकल्प के साथ कि वह फिर कभी ऐसा नहीं करेगा।

एक दिन नरेंद्र ने अपनी धुन में पिता से पूछ लिया, 'आपने मेरे लिए क्या किया है ?' विश्वनाथ ने बिना नाराजगी या अचकचाए हुए नरेंद्र से कहा, 'सामने शीशा लगा है, वहाँ जाकर देखो, तुम्हें अपने आप समझ आ जाएगा।' उन्होंने नरेंद्र से सिर्फ इतना कहा, 'जीवन को अपने नजरिए से देखो, मगर जो भी देखो, उसे देखकर आश्चर्य मत करो।' नरेंद्र की माँ भुवनेश्वरी न केवल सुंदर थीं, कट्टर हिंदूवादी विदुषी भी थीं। उनकी स्मरण-शक्ति अद्‍भुत थी। उनके तीन लड़के और चार लड़कियाँ थीं। इनमें से दो लड़कियों का निधन तो बचपन में ही हो गया था। नरेंद्र इन सबसे बड़े थे। नरेंद्र अपने पिता के बजाय दादाजी से ज्यादा हिले-मिले थे। वह दिखता भी उनके जैसा और उसके आचार-व्यवहार भी दुर्गाचरण जैसे थे। महज चार-पाँच बरस की उम्र में नरेंद्र घर के पास वाले बाजार से कुछेक प्रतिमाएँ ले आया और उनके सामने आँखें मूँदकर ध्यान करने बैठ गया। उसने सुन रखा था कि

प्राचीनकाल में साधु ऐसी साधना करते थे कि उनके शरीर के सहारे बेलें चढ़ जातीं। नरेंद्र को भी कुतूहल रहा होगा कि ऐसा होगा।

बचपन से ही नरेंद्र को अतींद्रिय शक्तियाँ प्राप्त थीं। बाद में स्वामी विवेकानंद होने के बाद एक बार उन्होंने बताया था—'बचपन में जितना पीछे लौट पाता हूँ, याद आता है कि बहुत छुटपन से ही भौंरों के बीच मुझे एक ज्योति बिंदु दिखाई देता था। धीरे-धीरे वह बिंदु रंग बदलता और लगातार बड़ा होता जाता। इतना नहीं, जब-जब ऐसा होने लगता, मेरा बाहरी दुनिया से संपर्क टूट जाता। जैसे मुझे नींद आ जाती, फिर मैं बड़ा हुआ और ध्यान करने लगा। तब मैं जैसे ही आँखें मूँदता, वह बिंदु एकदम स्पष्ट दिखाई देता और ध्यान लग जाता। एक बार हम कुछ दोस्त देवेंद्रनाथ ठाकुर के निर्देशन के अनुसार ध्यान कर रहे थे। ध्यान होने के बाद सभी ने अपने-अपने अनुभव एक-दूसरे को सुनाए। उन लोगों में से किसी को भी बिंदु नहीं दिखाई दिया। नींद जैसी स्थिति तो किसी की भी नहीं थी।

नरेंद्र बचपन से ही होनहार था। सिर्फ दर्शन और ध्यान में ही नहीं, उसे तैराकी, घुड़सवारी में भी महारत हासिल थी। बेहद गठा हुआ शरीर और देदीप्यमान चेहरा नरेंद्र को पैतृक रूप में मिला था। उसकी आवाज में अद्‍भुत कशिश थी। एक बार कोई सुन लेता तो वह उस आवाज की परिधि से बाहर नहीं निकल पाता। इतना ही नहीं, नरेंद्र ने पाँच-छह बरस तक विधिवत् संगीत की शिक्षा ली थी। वे न केवल अच्छा गाना जानते थे, बल्कि कई वाद्य बजाना भी उन्होंने हिंदू और मुसलमान अध्यापकों से सीखा था। संगीत में उनकी इतनी महारत थी कि वे इसके अधिकार-संपन्न व्यक्तित्व के रूप में समादृत किए गए। उन्होंने कई धुनें भी बनाईं। भारतीय संगीत के विज्ञान और दर्शन पर उनके कई लेख प्रकाशित हुए। महाविद्यालय में उनकी गिनती बेहद

बुद्धिमान विद्यार्थी के रूप में होती थी। ऐसा विद्यार्थी, जिसमें विज्ञान, गणित, दर्शन, खगोलशास्त्र और भारतीय तथा विदेशी भाषाओं को लेकर जबरदस्त आकर्षण और सामर्थ्य थी। वे अंग्रेजी और संस्कृत के कवियों को बड़े शौक से पढ़ते। उन्हें दर्शन पर बहस करना अच्छा लगता। बहस, आलोचना, विश्लेषण ने उन्हें पैनी नजर और धारदार शब्दावली का विवेकानंद बना दिया। महाविद्यालय में ही उन्होंने स्टुअर्ट मिल के धर्म पर लिखे निबंध पढ़े और वे उनसे बेहद प्रभावित हुए। हर्बर्ट स्पेंसर को उन्होंने ऐसा पढ़ा कि उनकी लिखी किताबों पर उनसे उन्होंने पत्राचार भी किया। स्पेंसर नरेंद्र की तार्किक और विश्लेषण क्षमता से चमत्कृत थे। नरेंद्र ने वर्ष १८८१ से १८८४ तक देकार्त, ह्यूम, कांट, स्पिनोजा, हीगेल, शॉपेनहावर, काम्टे, डार्विन को भी पढ़ा। उनकी स्मृति किस्सागो जैसी लगती है। एक बार कुछ पढ़ लेने के बाद वह उनकी स्मृति-पटल का स्थायी हिस्सा बन जाता।

डब्ल्यू.डब्ल्यू. रेस्टी नरेंद्र को पढ़ाते थे। एक दिन वे वर्ड्सवर्थ की 'दि एक्जर्सिटेर्शन' पढ़ा रहे थे। इसे समझते हुए वे ध्यान और उसके प्रयोग, बाहरी दुनिया से आदमी के कटाव आदि संदर्भों पर भी बोलने लगे। उन्होंने अपने विद्यार्थियों से यह भी कहा कि यदि किसी की सचमुच ध्यान में रुचि है तो वह दक्षिणेश्वर के संत रामकृष्ण परमहंस से मिलकर समझ सकता है। नरेंद्र पर वे कुछ ज्यादा ही मेहरबान थे। उन्होंने कहा भी कि वे ऐसी विलक्षण प्रतिभा और अनंत संभावनाओं से किसी व्यक्ति से इससे पहले नहीं मिले, फिर भी उनकी बातों और प्रेरणा ने नरेंद्र को दक्षिणेश्वर नहीं भेजा, क्योंकि वे सशंकित स्वभाव के विद्यार्थी थे। बिना तर्क पर जाँचे किसी बात को मानते नहीं थे। बुद्धि वैसे भी तर्क के पाँव से ही चलती है। इससे उसे कोई फर्क नहीं पड़ता कि उसका मार्ग निरापद है या नहीं। शारदानंद ने लिखा है—"वर्ष

१८८१ में सुरेंद्रनाथ मित्रा के घर एक आयोजन था। उसमें रामकृष्ण भी अतिथि थे। उन्होंने नरेंद्र को बुलाया था। उनका आग्रह था कि वह यहाँ आकर अतिथियों का संगीत से मनोरंजन करें, कुछ गाएँ। पहली नजर में ही रामकृष्ण को नरेंद्र भले लगे। उनकी रुचि उनमें जग गई। उन्होंने नरेंद्र के बारे में बारीकी से कई सवाल पूछे। उस समय नरेंद्र की उम्र अठारह बरस की रही होगी। गाना सुनने के बाद रामकृष्ण ने कहा, 'मैंने देखा कि उसके भीतर एक दिव्य आत्मा है। ऐसा आदमी कलकत्ता में कैसे रह सकता है।' जाते समय रामकृष्ण ने नरेंद्र को दक्षिणेश्वर आने का निमंत्रण दे दिया।''

उस समय तक नरेंद्र के विवाह की चर्चा चल पड़ी थी। उनके पिता विश्वनाथ दत्त उनका विवाह तत्काल कर देना चाहते थे। जिस लड़की से उनके विवाह की बात चल रही थी, वह साँवली थी। इसीलिए उसका पिता काफी सारा दहेज देने की बात भी कर रहा था। नरेंद्र ने मना कर दिया। इस पर उन्हें राजी करने की मुहिम शुरू हो गई। उनके चचेरे भाई रामचंद्र दत्त को इसका जिम्मा सौंपा गया। उसने भी भरसक कोशिश की; लेकिन जब वह जान गया कि नरेंद्र ने अपनी उम्र और ऊर्जा अध्यात्म को देने की ठान ली है तो उसने कहा, 'फिर तो बेहतर है, तुम दक्षिणेश्वर चलो। तुम्हें ब्राह्मसमाज से कुछ नहीं मिलेगा। यदि वाकई कुछ पाना चाहते हो तो रामकृष्ण के अलावा और कोई रास्ता नहीं है।' नरेंद्र पहली बार दक्षिणेश्वर जिन दोस्तों के साथ गए, उनमें रामचंद्र भी था।

रामकृष्ण ने देखा कि नरेंद्र अकेले नहीं, दोस्तों के साथ आए हैं तो उन्होंने संगीत के बारे में चर्चा शुरू कर दी। बँगला भजन नरेंद्र को कम आते थे, फिर भी रामकृष्ण ने उनसे गाने को कहा। गाना समाप्त हुआ। इस बारे में स्वयं विवेकानंद ने बताया—'जैसे ही मेरा गाना पूरा

हुआ, रामकृष्ण उठे और मेरा हाथ पकड़े उत्तरी बरामदे की तरफ ले गए। सर्दी का मौसम था, इसलिए बरामदे के खंभों के बीच की जगह को परदे लगाकर ढक दिया गया था, ताकि उत्तरी ठड़ी हवाओं की मार से बचा जा सके। एक दरवाजा था, जिसे बंद कर देने पर बरामदा कमरे में बदल जाता और कोई भी बरामदे में खड़े आदमी को देख नहीं पाता। मुझे लगा, वे कोई निर्देश या समझा देना चाहते हैं। इसीलिए मुझे एकांत में उठाकर लाए हैं; लेकिन ऐसा था नहीं। उन्होंने मेरा हाथ कसकर पकड़ा और आनंदातिरेक में रोने लगे। वे मुझसे इतने अपनत्व से बोल रहे थे, जैसे मुझे बरसों से जानते हों। वे कह रहे थे—अरे, तुम इतनी देरी से क्यों आए? क्या यह सही है? क्या तुम्हें पता नहीं था कि मैं तुम्हारी प्रतीक्षा कितनी बेसब्री से कर रहा था। मेरी समझ में नहीं आ रहा था कि यह क्या हो रहा है। फिर उन्होंने मुझे संबोधित करते हुए कहा—मैं जानता हूँ, तुम कौन हो? मेरे नाथ, तुम नारायण हो, जिसने नर के रूप में जन्म लिया है, ताकि तुम दुःखियों और दरिद्रों के आँसुओं को पोंछ सको। मानवता की सेवा के लिए ही तुम अवतरित हुए हो। मुझे लगा, यह कैसा आदमी है। पता नहीं पागल है। मैं कौन हूँ? सीधा सा उत्तर है, मैं विश्वनाथ दत्त की सबसे बड़ी संतान हूँ। मगर मैंने कुछ कहा नहीं। मैंने सोचा, इस अनूठे पागल आदमी को पहले मैं कह लेने दूँ, ताकि समझ सकूँ कि क्या है इसके मन में। थोड़ी देर में वे बरामदे से बाहर चले गए और लौटे तो उनके हाथ में कुछ मिठाई थी। मैंने चाहा कि वे मुझे दे दें, ताकि मैं दोस्तों के साथ बाँटकर खा लूँ। मगर उन्होंने ऐसा नहीं करने दिया, बल्कि अपने हाथ से मुझे खिलाने लगे। उन्होंने कहा—उन सबको भी थोड़ी देर में मिल जाएगा। फिर उन्होंने कहा—तुम जल्दी ही दक्षिणेश्वर आओगे, मगर अकेले। बात इतनी निजता से कही गई थी कि मेरे पास इसे मानने के अलावा और कोई चारा नहीं

था। मैं बाहर निकला और मित्रों की जमात में शामिल हो गया।'

नरेंद्र के लिए यह एक जबरदस्त अनुभव था। वे बाहर आकर रामकृष्ण को और भी गंभीरता से देखने लगे। बाहर बैठकर रामकृष्ण प्रकृतिस्थ हो गए। वे आत्मत्याग, अपरिग्रह और संन्यास पर बोल रहे थे। नरेंद्र मन-ही-मन सोच रहे थे, आत्मत्याग और संन्यास के लिए इनसे बेहतर कोई व्यक्ति नहीं हो सकता। ये जो करते हैं, वही कहते हैं। उन्होंने अपना सबकुछ ईश्वर पर निछावर कर दिया है। नरेंद्र सोच ही रहे थे कि रामकृष्ण ने कहा, 'ईश्वर मूर्त है। उसे देखा भी जा सकता है और उससे बात भी की जा सकती है। मगर ईश्वर से बात करना कौन चाहता है? सभी यहाँ आते हैं। कोई पत्नी के न रहने से दुःखी है, कोई धन खो जाने से, कोई किसी और वजह से परेशान है। वे सभी अपनी-अपनी परेशानियों के विकल्प खोजने आते हैं। ईश्वर के लिए कोई नहीं आता। यदि फिर भी कोई ईश्वर के पास आता है, उतनी ही बेचैनी के साथ उसे पुकारता है, तो तय मानिए, ईश्वर उसके सम्मुख अपने को व्यक्त कर देता है।' नरेंद्र ने बताया, 'जब मैं उन्हें सुन रहा था, न जाने क्यों बिना तर्क के मैं उनसे राजी होता जा रहा था। मुझे लगा, अब तक जितने भी लोगों से मिला या जिन्हें भी धर्म पर सुना, उन सबसे रामकृष्ण एकदम भिन्न हैं।'

इसके बाद नरेंद्र करीब एक माह तक दक्षिणेश्वर नहीं गए। वे वहाँ जाने से बचते भी थे। शारदानंद ने लिखा भी है कि यह आश्चर्यजनक था कि कैसे नरेंद्र उनसे इतने दिन दूर रह पाए; मगर उठते-बैठते नरेंद्र को रामकृष्ण का ध्यान हो आता। उनका भरोसा अंतर्ज्ञान के बजाय तर्क पर था, फिर भी उन्हें रामकृष्ण की समाधि प्रभावित कर गई। विचार और तर्क लाँघकर आस्था आ रही थी। उनकी बेचैनी बढ़ती जा रही थी। वे परिव्राजक थे और भीतर से यह आवाज तेज हो रही थी कि

उन्हें परिव्राजक होकर ही जन-सेवा करनी है। रामकृष्ण से भेंट ने उन्हें बुरी तरह हिला दिया था। वे बार-बार अपने को समझाते कि रामकृष्ण पागल हैं, झक्की हैं। फिर भी उनके मन के किसी कोने से प्रेरणा उठती कि उनका अनुगमन किया जाना चाहिए। तत्काल ही मन का कोई दूसरा कोना सजग हो उठता और कहता—यह कैसे संभव है? कैसे आप किसी पागल व्यक्ति का अनुगमन कर सकते हैं? फिर खुद ही उत्तर देने लगते—कौन पागल नहीं है! विचार अपने में ही बड़ी दीर्घ और गंतव्य-प्रेरित यात्रा है, फिर विचार पार की यात्रा तो निश्चित ही पागल कर सकता है। स्पेंसर हों या मिल, ये भी तो एक तरह के पागल ही हैं। नरेंद्र की दिक्कत यह थी कि वे आंशिक रूप से कुछ भी स्वीकार नहीं करते थे, या तो पूरा या बिलकुल नहीं। बड़ी लंबी जद्दोजहद के बाद नरेंद्र अपने को रामकृष्ण को सौंप पाए थे। विवेकानंद होने के बाद उन्होंने अपने एक अंग्रेज शिष्य से कहा था—वे करीब छह बरस तक इस बात से जूझते रहे। भीतर से प्रेरणा और उठे हुए प्रश्नों के विकास के बाद ही नरेंद्र ने अपने आपको रामकृष्ण को समर्पित किया था।

करीब एक महीने तक ऊहापोह में रहने के बाद नरेंद्र ने तय किया कि वे दक्षिणेश्वर जाएँगे। उनके अपने शब्दों में—'मुझे बिलकुल नहीं पता था कि दक्षिणेश्वर कलकत्ता से दरअसल इतनी दूर है। पिछली बार मैं गाड़ी से आया था, फिर दोस्तों से बतियाते हुए। इसलिए ठीक-ठीक अनुमान नहीं लगा पाया कि दूरी कितनी है। इसी वजह से पैदल चल पड़ा; मगर दूरी थी कि खत्म ही नहीं हो रही थी। रास्ते में कई लोगों से मार्ग पूछना पड़ा, तब कहीं दक्षिणेश्वर पहुँच पाया। पहुँचते ही सीधे रामकृष्ण के कमरे में दाखिल हो गया। मैंने देखा, वे अपने ध्यान में हैं। एक छोटे से बिस्तर पर बैठे हुए। उस समय वहाँ कोई नहीं था। जैसे ही उनकी निगाह मुझ पर पड़ी, उन्होंने उल्लसित होकर

मुझे बुलाया और बिस्तर के एक छोर पर बिठा दिला। वे अपने में निमग्न थे। अपने से ही बात करते हुए उन्होंने कुछ कहा, मगर मैं समझ नहीं पाया। उनकी निगाह काफी पैनी थी। मुझे लगा, फिर कुछ उसी तरह का दृश्य होने वाला है, जैसा पहले हुआ था; मगर जब तक यह विचार मुझमें चलकर पूरा होता, उन्होंने अपना दाहिना पैर उठाकर मुझ पर रख दिया। अचानक ही मुझे बड़ा दिव्य अनुभव हुआ। मेरी आँखें थोड़ी फैल गईं। कमरे की दीवारें और वस्तुएँ जैसे गिर गईं। जो कुछ भी थोड़ी देर पहले मुझे दिखाई दे रहा था, वह सब तिरोहित होने लगा। मेरी चेतना भी किसी निस्सीम कर्तव्य-गगन का हिस्सा हो रही थी। मैं अपने आप पर काबू नहीं रख पाया और चीख पड़ा—अरे, क्या कर रहे हैं? क्या आपको पता नहीं, मेरे घर में मेरे माता-पिता हैं। उन्होंने जैसे ही मेरी चीख सुनी, ठठाकर हँस दिए। उन्होंने कहा—ठीक है, इसे बंद कर देते हैं। सबकुछ एक साथ करना भी नहीं चाहिए। सब समय आने पर अपने आप हो जाता है। थोड़ी देर में मैं सामान्य हो गया। मुझे सभी चीजें फिर पहले की भाँति दिखाई देने लगीं।' नरेंद्र ने बताया—'हालाँकि यह सब बताने में अब काफी वक्त लगता है, पर यह सब पल भर में ही घट गया। इस अनुभव ने मेरी जिंदगी बदल दी।'

कुछ पल में घटे अनुभव ने मेरी जिंदगी बदल दी। मैं लगातार विश्लेषण करता रहा कि अचानक कैसे क्या घटा? कैसे एक अनुभव पूर्ण आज्ञाकारी के रूप में बदल गया? मैंने अनेक पुस्तकों में सम्मोहन के बारे में पढ़ा है। मुझे लगा कि यह भी कुछ उसी तरह का अनुभव था; लेकिन मेरा मन मानता नहीं था। लगता था, ताकतवर आत्मशक्ति के लोग कमजोर आत्मशक्ति के लोगों के साथ ऐसा कुछ कर सकते हैं। अब तक तो मुझे अपनी बुद्धिमत्ता और आत्मशक्ति पर गर्व था। कैसे

इस आदमी ने उस पर अपना कब्जा जमा लिया। पहली बार जब मैं इनसे मिला था तो मैंने इन्हें पागल माना था, फिर कैसे मैं दूसरी ही मुलाकात में इस स्थिति तक पहुँच गया हूँ? कुछ देर बाद रामकृष्ण ने नरेंद्र को कुछ फल और मिठाई दी। उनका अपनत्व कुछ ऐसा था कि नरेंद्र कुछ कह न पाता। साँझ हो आई तो नरेंद्र ने घर जाने की आज्ञा माँगी। रामकृष्ण अचानक उदास हो गए; लेकिन उन्होंने कहा—जल्दी ही दक्षिणेश्वर आना। करीब एक सप्ताह बाद नरेंद्र फिर दक्षिणेश्वर आया—इस बार कुछ और संकल्प लेकर, अपनी आत्मशक्ति और चेतना को टटोलकर। इस संकल्प के साथ कि पिछली बार चाहे जो हुआ हो, इस बार वह किसी भी तरह रामकृष्ण से सम्मोहित नहीं होगा।

रामकृष्ण ने इस बार नरेंद्र से कहा कि वे पास के उपवन में टहलेंगे। वहीं बात होगी, क्योंकि मंदिर के अहाते में अनेक शिष्य थे। यही वह उपवन है, जहाँ रामकृष्ण को जीसस ने दर्शन दिए थे। थोड़ी ही देर टहले होंगे कि रामकृष्ण समाधि में चले गए। नरेंद्र पूरी चेतना के साथ उन्हें देखते रहे। अचानक रामकृष्ण ने हाथ बढ़ाकर नरेंद्र को छुआ। अपनी पूरी संघर्ष-क्षमता और आत्मशक्ति को केंद्रित करने के बाद भी नरेंद्र अपनी चेतना को खोता हुआ महसूस करने लगा। इस बार तो नरेंद्र बेहोश हो गया। उसे होश आया, तब रामकृष्ण उसके सीने पर धीरे-धीरे हाथ मल रहे थे—मुसकराते हुए। नरेंद्र समझ ही न पाया कि इस बीच हुआ क्या?

बाद में रामकृष्ण ने अपने कुछ शिष्यों को बताया, "उस दिन जब नरेंद्र बेहोश हो गया था, मैंने उससे कई सवाल पूछे थे, जैसे वह वास्तव में कौन है? क्यों आया है? इस जगत् में वह कब तक रहेगा? और इस तरह के कई प्रश्न मैंने पूछे थे। इनके जवाब वे ही थे, जो मैं जानता था। उन जवाबों ने मेरे आकलन को पुष्ट किया। वह बहुत ज्यादा समय

तक धरती पर नहीं रहेगा। नरेंद्र एक महान् आत्मा है, ध्यान में नितांत निपुण। वह अपनी योग-शक्ति से अपनी देह-त्याग कर देगा।''

ऐसी तमाम टिप्पणियों और अनुभवों के बाद भी नरेंद्र करीब छह बरस तक दक्षिणेश्वर आता-जाता रहा। वह उनका शिष्य नहीं हुआ था। हालाँकि रामकृष्ण का चुंबकीय क्षेत्र उसे बेहद आकर्षित करता, फिर भी वह स्वतंत्र विचार करने का पक्षधर था और किसी का शिष्यत्व स्वीकार करने की मनःस्थिति नहीं रखता था; मगर धीरे-धीरे हालत यह हो गई कि शुरू के कुछ घंटे बढ़ने लगे। वह पाँच-पाँच घंटे दक्षिणेश्वर में बिताने लगा। अंतिम दौर में, यानी शिष्यत्व ग्रहण करने से थोड़ा पहले तो वह वहाँ कुछ दिन रुकने भी लगा। यदि नरेंद्र कुछ दिन नहीं आता, तो रामकृष्ण बेचैन हो उठते। वे उसे बुलवा लेते। नरेंद्र ने रामकृष्ण से कई सवाल पूछे। उसने रामकृष्ण की खोज के उत्तरों को अपने प्रश्नों पर प्रभावी नहीं होने दिया। परमहंस ने भी आनंदपूर्वक नरेंद्र को एक-एक प्रश्न का सविस्तार उत्तर दिया। नरेंद्र से मिलने से पहले परमहंस माँ काली से कहा करते—माँ, किसी एक को तो भेज, जो मेरे प्रामाणिक अनुभवों की प्रामाणिकता पर सवाल खड़ा कर सके। नरेंद्र ने हिंदू ईश्वरों को मानने से इनकार किया। आरंभ में उसकी अद्वैतवाद से भी पटरी नहीं बैठी। उसने परमहंस से कहा, 'चाहे लाखों लोग आपको ईश्वर मानते हों, लेकिन मेरा मन जब तक इस बात के लिए राजी नहीं होता, क्षमा कीजिए, मैं ऐसा नहीं कह सकूँगा।' रामकृष्ण ने मुसकराकर कहा, 'हर वह बात, जो मैं कह रहा हूँ, उसे सिर्फ इसलिए मत मानना कि मैं कह रहा हूँ, बल्कि तभी उन बातों को स्वीकार करना, जब तुम उन्हें जाँच-परख लो और इत्मीनान कर लो कि वे सही हैं।' रामकृष्ण नरेंद्र के खोजी सवालों और गहरी जिज्ञासा से बेहद प्रसन्न होते। उनका मानना था कि यह शैव शक्ति है। जब सारे भ्रमों का

निवारण हो जाएगा तो यह सब ठीक हो जाएगा। वे नरेंद्र की बुद्धिमत्ता पर इतने फिदा थे कि कई बार तो भावातिरेक में उनकी समाधि लग जाती।

एक बार तो नरेंद्र ने हद कर दी। उसने कहा, 'आप ऐसा कैसे मानते हैं कि ईश्वर के बारे में आपका अनुभव है? यह आपके बीमार दिमाग का संभ्रम नहीं है?' इस सवाल पर रामकृष्ण बेहद दुःखी हुए। इतने कि माँ के मंदिर में जाकर रोने लगे। इस पर माँ ने उन्हें सांत्वना दी—थोड़ा धैर्य रखो, जल्दी ही नरेंद्र की आँखें खुलने वाली हैं। ऐसा ही एक दिन और हुआ। रामकृष्ण ने नरेंद्र से कहा, 'तुम यहाँ क्यों आते हो? जब तुम मेरी माँ को नहीं मानते, तो यहाँ आने की वजह?' नरेंद्र ने कहा, 'क्या यहाँ आने के लिए आपकी माँ को मानना जरूरी है?' ऐसे ही एक दिन नरेंद्र दोस्तों में बैठकर ठिठोली कर रहे थे कि यह जग भी ईश्वर है और मक्खी भी। तभी पास से रामकृष्ण उठकर आ गए। आते ही उन्होंने नरेंद्र को छू दिया, फिर वैसा ही हुआ जैसे पहले स्पर्शों में हुआ था। कुछ ऐसा अहसास, जिसे बाद में मानने को बुद्धि भी राजी न हो। कुछ देर बाद नरेंद्र घर चला गया। उसे हर वस्तु में ईश्वर दिखाई देने लगा। वह इतना परेशान हो गया कि उसने खाना-पीना छोड़ दिया। घरवाले चिंतित हो गए। उन्हें लगा कि नरेंद्र बीमार हो गया है।

वर्ष १८८४ के आरंभ में नरेंद्र के पिता का हृदयाघात से निधन हो गया। घर में छह-सात सदस्य थे। अचानक कठिनाई बढ़ गई। विवेकानंद ने स्वयं इस दशा का उल्लेख करते हुए बताया—''नंगे पैर दफ्तर-दर-दफ्तर नौकरी के लिए भटका, लेकिन कोई ठोस बात हाथ नहीं लगी। यह जीवन के यथार्थ से मेरा पहला साक्षात्कार था। मुझे लगा कि जीवन में कमजोर और गरीबों के लिए कोई जगह नहीं है।

कुछ समय पहले तक जो लोग मेरी मदद करके अपने आपको गौरवान्वित समझते थे, उन सभी ने अपने मुँह फेर लिये। मुझे सारी दुनिया शैतान का घर नजर आने लगी। एक दिन मैं भटकते-भटकते बेहद थक गया। अपने पैरों पर बड़ी मुश्किल से खड़ा था। थककर बैठ गया। दोस्तों में से एक कुछ गाने लगा। मैंने तत्काल उसे रोका और कहा कि इस तरह की चीजें उन्हीं कानों को भली लगती हैं, जो चाँदी का चम्मच लेकर पैदा होते हैं। मेरे इस तरह के व्यवहार से दोस्तों को दुःख हुआ; मगर वे किसी भी तरह से मेरी मदद करने की स्थिति में नहीं थे। घर में दिनोदिन संकट गहराता जा रहा था। एक दिन तो भोजन ही कम था। मैंने माँ से कहा कि मुझे कहीं से निमंत्रण है। मैं बाहर खाऊँगा, फलस्वरूप मुझे उपवास करना पड़ा। एक दिन मैं ईश्वर के आगे प्रार्थना कर रहा था कि भगवान्, इस स्थिति से उबारो। अब सहना मुश्किल है। मेरी माँ ने सुन लिया। वह नाराज हो गईं—बचपन से तुम इस तरह की घटिया बातें कर रहे हो। उस ईश्वर ने किया ही क्या है?''

इसके बाद नरेंद्र सोचने लगा कि ईश्वर ने इतनी बार की उसकी प्रार्थना को अनसुना क्यों कर दिया? यदि वह है तो धरती पर इतनी तकलीफ क्यों है? इतना संत्रास और इतनी पीड़ा क्यों है? फिर उनके दिमाग में पं. ईश्वरचंद्र विद्यासागर (१८२०-९१) की बात कौंधी कि यदि ईश्वर इतना ही दयालु और अच्छा है तो लाखों लोगों को सिर्फ एक निवाले के लिए क्यों मरने देता है? नरेंद्र नास्तिक हो गए। उन्होंने सरेआम ईश्वर के विरोध में बोलना शुरू कर दिया। वह भी तब जब नरेंद्र की स्थापना एक सुघड़ आस्थावादी के रूप में हो चुकी थी। वे कहने लगे, 'डर की वजह से सिर्फ कायर ही ईश्वर में भरोसा करते हैं।' अब भी रामकृष्ण का भरोसा नरेंद्र से डिगा नहीं। वर्षों बाद नरेंद्र ने कहा, ''उस दौर में जब मेरे भाइयों और मेरी माँ का भरोसा मुझसे

उठ गया था, रामकृष्ण अडिग थे। महज वे ही हैं, जो प्रेम का मतलब समझते हैं।''

गरमी बीत गई। नरेंद्र अपनी जिजीविषा के साथ जीवन का सिरा पकड़ने का यत्न कर रहे थे। एक दिन उन्होंने कुछ खाया-पिया नहीं था। उन्हें चक्कर आ गए और वे गिर पड़े। उन्होंने जो कुछ देखा, उससे उनकी भाषा बदल गई। वे कहने लगे—'मैंने देखा, 'मैं जानता हूँ', 'मेरा विश्वास है'। घर आकर उन्होंने ध्यान किया और तय किया कि वे भी अपने दादाजी के पथ पर चलेंगे। उसी दिन दक्षिणेश्वर से रामकृष्ण कलकत्ता आ गए। उन्होंने नरेंद्र को ढूँढ़ भी लिया और अपने साथ दक्षिणेश्वर चलने की जिद करने लगे। नरेंद्र के पास बचने का कोई उपाय न था। वह चला गया। रात को रामकृष्ण ने एक भजन सुनाया—एक तो परमहंस की वाणी और फिर संगीत। नरेंद्र विगलित हो गया। उसके आँसू बहने लगे। रामकृष्ण ने कहा, ''मैं जानता हूँ, तू विश्व में रुकना नहीं चाहता; पर तुझे रुकना पड़ेगा। कम-से-कम जब तक मैं हूँ, तब तक तो रुक।''

नरेंद्र घर आ गया। उसे कुछ अनुवाद का काम मिला, मगर स्थायी नौकरी नहीं। इसलिए घर की दाल-रोटी चलती रही।

एक दिन नरेंद्र ने रामकृष्ण से कहा, 'आप अपनी माँ से इस दशा को ठीक करने के लिए प्रार्थना करें।' रामकृष्ण ने कहा, 'मेरे बच्चे, मैं तुम्हारे लिए ऐसी प्रार्थना नहीं कर सकता। तुम स्वयं माँ से प्रार्थना क्यों नहीं करते?' नरेंद्र संपूर्ण आस्था के साथ मंदिर में गया। थोड़ी देर में वह लौट आया। रामकृष्ण ने पूछा, 'बच्चे, प्रार्थना की?' नरेंद्र को याद आया कि वह अपने दुःख के बारे में तो माँ से कहना ही भूल गया। रामकृष्ण ने नरेंद्र को फिर भेजा। तीन बार नरेंद्र माँ के मंदिर में गया और वह न कह सका, जिसके लिए वह तीन बार गया था। तीसरी बार

वह बहुत शक्ति के साथ मंदिर में दाखिल हुआ। उसने माँगा भी, मगर वह नहीं, जिसके लिए वह आया था, उसने माँगा—त्याग, वैराग्य और भक्ति।

यानी नरेंद्र समझ गए कि विचार संपूर्ण सत्ता का ज्ञान कराने में असमर्थ हैं। ब्रेडले के शब्दों में—"वह क्या से ऊपर है। हम वास्तविक सत्ता को एक प्रकार की भावना से ही प्राप्त कर सकते हैं।' मैंकटेगार्ट ने भी भक्ति को परम सत्ता का स्वरूप माना है। इसी वजह से हमारे यहाँ 'दर्शन' शब्द प्रचलित हुआ। जो 'दृश' धातु से उपजा, यानी दर्शन इंद्रियजन्य निरीक्षण हो सकता है या प्रत्ययी ज्ञान या अंतर्दृष्टि से अनुभूत भी हो सकता है। रामकृष्ण ने माना कि आभ्यंतर ज्ञान संबंधी अनुभव हरेक मनुष्य के लिए प्राप्य की कोटि में है, यदि वह उसे हासिल करने की प्रबल इच्छा रखता हो। आद्य शंकराचार्य का भी इस बारे में यही मत है।

□

७

योद्धा संन्यासी

जैसे बिथोविन का कहना है कि यह कलापूर्ण रचना ईश्वर से ही आती है और इसका संबंध मनुष्य से ही है, क्योंकि वह दैवी क्रिया को अपने में देखता है। ठीक इसी तरह 'उपनिषद्' शब्द है। यह 'उप-नि-सद' से निकला है, जिसका अर्थ है—पास बैठना? यानी शिक्षा-प्राप्ति के लिए शिक्षक के पास बैठना। शंकर ने 'तैत्तिरीयोपनिषद्, की प्रस्तावना में कहा है कि ब्रह्म-ज्ञान का नाम ही उपनिषद् है। बिलकुल यही विचार रामकृष्ण के थे। उनका आचरण और शिष्यों के प्रति व्यवहार पास बैठाने का ही था। नरेंद्र को भी उन्होंने पास बिठाकर ही दीक्षित किया। नरेंद्र के अलावा राखाल, लाटू, गोपाल घोष के साथ भी रामकृष्ण यही करते; क्योंकि रामकृष्ण साधक नहीं, सिद्ध हैं, जैसे कृष्ण साधक नहीं, सिद्ध हैं। इसलिए साधक और सिद्ध के 'नोटेशन' में फर्क होता है। अहंकारी दिखने पर भी अहंकार नहीं होता। कृष्ण और रामकृष्ण के 'मैं' का अनुवाद देह के भीतर का अकेला 'मैं' नहीं है, बल्कि वह है, जो सब जगह फैला है। रामकृष्ण उसी 'मैं' की बात करते हैं। वे अपने स्पर्श से भी शिष्य की उस सुधि

को ताजा कर रहे हैं, जो वह भूल गया है। यह सिद्ध का अंतरण है। वे 'ट्रांसमिट' करते हैं। इसमें भी अध्ययन और अनुभव से मनुष्य को शून्य करने की प्रक्रिया है और यह याद दिलाने की भी कि वह वास्तव में क्या है। जैसे एक क़हानी है—एक सम्राट् था। उसका एक बेटा था। किसी कारण से सम्राट् ने लड़के को राजमहल से निकाल दिया। अब उस लड़के के लिए मुश्किल खड़ी हो गई। यों भी सम्राटों के लड़कों को कुछ आता-जाता तो है नहीं। वह क्या करे? वह यहाँ-वहाँ भटकता भीख माँगने लगा। आभिजात्य कपड़े फट गए, सामंती अकड़ खो गई। हाथ में टीन का कटोरा आ गया। जूते फट गए। एक दिन वह रो-रोकर जूतों के लिए भीख माँग रहा था। उधर सम्राट् ने उसे माफ कर दिया। उसे भी लगा होगा कि उसके बाद राज्य का क्या होगा? यदि किसी को सौंपना ही है तो अपने बेटे को क्यों न सौंपे, तो उसे लेने के लिए सम्राट् ने प्रधानमंत्री को भेजा। लड़का खोज लिया गया। प्रधानमंत्री ने देखा, वह जूतों के लिए गिड़गिड़ा रहा है। उसे बताया गया कि देखो, तुम राजकुमार हो। महाराज ने तुम्हें माफ कर दिया है। बस, उसे याद आना ही था कि उसने प्रधानमंत्री को आदेश दिया—'हम रथ पर बैठते हैं, जल्दी नए जूते लाएँ और हमारी बाकी व्यवस्थाएँ ठीक की जाएँ।' थोड़ी देर पहले जिन लोगों की तरफ वह हाथ फैला रहा था, उनकी ओर बाद में उसने आँखें तक न उठाईं। रामकृष्ण की पूरी तकनीक अपने शिष्यों के साथ उस स्मृति को जगाने की थी। अपने प्रमुख शिष्यों के नाम उन्होंने इस तरह रखे थे—

१. नरेंद्रनाथ दत्त	विवेकानंद
२. राखाल चंद्र घोष	ब्रह्मानंद
३. लाटू	अद्‌भुतानंद
४. गोपाल घोष	अद्वैतानंद

५.	बाबूराम घोष	प्रेमानंद
६.	नित्यनिरंजन घोष	निरंजनानंद
७.	योगेंद्रनाथ चौधरी	योगानंद
८.	शरतचंद्र चक्रवर्ती	शारदानंद
९.	शशिभूषण चक्रवर्ती	रामकृष्णानंद
१०.	तारकनाथ घोषाल	शिवानंद
११.	हरिनाथ चटर्जी	तुरीयानंद (तुरीय—यह चेतना की चौथी स्थिति मानी जाती है)
१२.	सुबोधचंद्र घोष	सुबोधानंद
१३.	गंगाधर घटक	अखंडानंद
१४.	काली प्रसाद चंद्रा	अभेदानंद (अद्वैतवादी)

बाबूराम घोष (प्रेमानंद) हुगली जिले के अनंतपुर गाँव के थे। वर्ष १८६१ में उनका जन्म हुआ था। धार्मिक दंपती की संतान होने से बाबूराम बचपन से ही आध्यात्मिक रुचियों के धनी थे। रामकृष्ण के सभी शिष्यों में आकस्मिक अंतरंगता और मैत्री थी। बाबूराम की एक बहन थी। उसका विवाह संपत्तिशाली पुरुष बलराम बोस से हुआ था। बाद में वे रामकृष्ण के गहरे शिष्य बन गए थे। बाबूराम सेकंडरी स्कूल के प्रिसिंपल थे। महेंद्रनाथ गुप्त और राखाल बाबूराम की कक्षा में ही पढ़ते थे। वे ही बाबूराम को वर्ष १८८२ में दक्षिणेश्वर लाए थे।

रामकृष्ण किसी की भी शुरुआत शारीरिक परीक्षण से करते थे। वे मानते थे कि स्वस्थ शरीर में ही स्वस्थ मन होता है। यही वजह है कि विवेकानंद भी कहा करते थे कि बच्चों के लिए 'गीता' पढ़ने

से जरूरी है फुटबॉल खेलना। रामकृष्ण ने बाबूराम की भी परीक्षा ली थी। उन्होंने महेंद्रनाथ गुप्त को बताया कि जब मैंने बाबूराम से दक्षिणेश्वर न आने के बारे में पूछा तो उसने कहा—आज मुझसे क्यों पूछ रहे हैं? आप मुझे बुला क्यों नहीं लेते? वैसे बाबूराम के न आने के पीछे उसकी अपनी माँ के प्रति चिंता थी। वह समझता था कि यदि वह दक्षिणेश्वर आने लगेगा तो वे बहुत दुःखी होंगी; मगर जल्दी ही वे भी रामकृष्ण की शिष्या बन गईं और उन्होंने प्रसन्नतापूर्वक बाबूराम को दक्षिणेश्वर आने की आज्ञा दे दी। फिर तो रामकृष्ण ने बाबूराम को भाव-समाधि और अद्वैतवाद की शिक्षा दी। बाबूराम के विनम्र और आकर्षक व्यवहार से हर कोई प्रभावित हो जाता। जो भी उनसे मिलता, उन्हीं का मुरीद होकर रह जाता। महिलाएँ भी उनकी जबरदस्त प्रशंसिका थीं। रामकृष्ण उनके बारे में कहते, 'बाबूराम एक ऐसे नए कलईदार बरतन की तरह है, जिसमें दूध नहीं फटता।' यही वजह है कि बाबूराम एक बड़े प्रशिक्षक के रूप में उभरे। वर्ष १९०२ से १९१६ तक बेलूर मठ का नियंत्रण बाबूराम के ही पास रहा। मूलतः वे नव संन्यासियों की देख-रेख करते, उन्हें प्रशिक्षित करते। अवधारणात्मक रूप में भी वे एक सफल अध्येता थे। युवा संन्यासियों से उनका जबरदस्त लगाव था। वे सब भी उन्हें अत्यंत प्रेम करते।

इसी तरह नित्यनिरंजन घोष (निरंजनानंद) की पहली भेंट परमहंस से तब हुई, जब वे मात्र अठारह वर्ष के थे। उस दौर में वे अपने काका के साथ कलकत्ता में रहते थे। नित्यनिरंजन अच्छी कद-काठी के आकर्षक नवयुवक थे। बचपन से ही उन्हें दिव्य-दृष्टि प्राप्त थी। कई अध्यात्मवादी समूह उनका इस्तेमाल 'माध्यम' की तरह करते थे। वे मानसिक बीमारियों का इलाज भी करते थे। हालाँकि उन्हें खुद विश्वास नहीं था कि उनके कुछ करने से लोग

ठीक हो जाते हैं। एक बार एक आदमी उनके पास नींद में चलने की बीमारी का इलाज कराने आया था। वह बंगाल का काफी धनाढ्य व्यक्ति था। कुछेक अध्यात्मवादी ही नित्य को रामकृष्ण के पास लाए थे, ताकि यदि वे चाहें तो इनका इस्तेमाल माध्यम की तरह करें; लेकिन उन्हें यह ठीक नहीं लगा। उन्होंने नित्य से कहा भी कि 'यदि तुम अपना चित्त भूतों पर लगाओगे तो भूत हो जाओगे और यदि तुम अपना चित्त ईश्वर में लगाओगे तो ईश्वर से परिपूर्ण हो जाओगे। अब तुम सोच लो, तुम्हें कौन सा रास्ता चुनना है।'

वैसे नित्य अच्छे स्वभाव का लड़का था। सिर्फ एक ही बात थी कि वह गुस्सैल था। एक बार वह नाव से दक्षिणेश्वर आ रहा था। नौका में और भी यात्री थे। कुछ लोग आपस में बातें कर रहे थे, जैसा कि आमतौर पर होता है; मगर वे रामकृष्ण के बारे में बोल रहे थे। अचानक उनमें से एक आदमी ने कहा, 'रामकृष्ण कोई सिद्ध नहीं, बल्कि ढोंगी है। तमाम ऐशो-आराम उन्हें चाहिए और फिर उन्हें मानता कौन है? स्कूल में पढ़नेवाले बच्चे ही तो उनके शिष्य हैं।' नित्य से रहा नहीं गया। वह उनसे उलझ गया। इतना उलझ गया कि वह उन सभी को डुबोने पर आमादा हो गया। आखिर उन लोगों ने क्षमा-याचना की। नित्य था भी जबरदस्त तैराक। किसी ने परमहंस को घटना के बारे में बता दिया। उन्होंने उसकी खबर ले ली। कहा, 'गुस्सा सबसे बड़ा पाप है। कोई कुछ भी कहे, उनके प्रति प्रतिक्रिया व्यक्त करना जरूरी है क्या?' हालाँकि इस घटना के बाद कोई बड़ी घटना नित्य के गुस्से से जुड़ी सुनने में नहीं आती, फिर भी यह प्रभाव तो बना ही रहा कि वे गुस्सैल हैं। परमहंस के समाधि ले लेने पर नित्य माँ शारदा देवी को समर्पित हो गए। वर्ष १९०४ में हैजा हो जाने से नित्य को प्राण त्यागने पड़े।

योगेंद्रनाथ चौधरी (योगानंद) का संपर्क बीस वर्ष की उम्र में परमहंस से हुआ। पहले उनका परिवार दक्षिणेश्वर के संपर्क में आया, मगर तब वे नहीं आते थे। उनके तर्क के फ्रेम में दक्षिणेश्वर फिट नहीं बैठता था, लेकिन अचानक ही वे आने लगे। उनके परिवारियों ने देखा, मगर कोई रोक-टोक नहीं की। दरअसल, वे स्वतंत्र व्यक्तित्व के धनी थे। इसी वजह से उन्हें कई बार शर्मिंदगी भी उठानी पड़ी। एक बार वे रामकृष्ण के कमरे में सो गए। आधी रात से कुछ ज्यादा का समय हुआ था। उनकी नींद खुल गई। उन्होंने देखा, रामकृष्ण अपने पलंग पर नहीं हैं। माँ शारदा मंदिर परिसर में ही रहती थीं। उनके मन में आया कि हो-न-हो, रामकृष्ण अपनी पत्नी के पास गए हैं। उनके मन में कई विकल्प आए। ऊहापोह इतना गहराया कि वे उठे और ऐसी जगह खड़े हो गए, जहाँ से शारदा देवी का दरवाजा दिखाई देता था, ताकि वे जब भी निकलें, उनकी निगाहों से बच न सकें। थोड़ी देर में रामकृष्ण आए, मगर पंचवटी की तरफ से टहलते हुए। उन्हें देखकर उन्होंने कहा, 'बिलकुल ठीक। जब तक किसी को गुरु की तरह स्वीकार न कर लो, तब तक उसकी हर क्रिया पर दिंन-रात नजर रखनी चाहिए।'

योगानंद विवेकानंद की नीतियों और विचारों की आलोचना किया करते थे। इससे वे अपने आपको रोक नहीं पाते थे। हालाँकि विवेकानंद और योगानंद दोनों एक-दूसरे को बेहद चाहते थे। बाद में योगानंद माँ शारदा के अनन्य शिष्य हो गए और वर्ष १८९९ में अपनी मृत्यु तक उन्होंने वही किया, जो माँ ने चाहा।

रामकृष्ण ने अपने छह शिष्यों को 'ईश्वरकोटि' कहा। इनमें विवेकानंद, राखाल, बाबूराम, निरंजन, योगानंद और पूर्णचंद घोष शामिल हैं। पूर्णचंद्र घोष ने परमहंस का पहला साक्षात्कार तेरह वर्ष

की उम्र में किया था, मगर उनकी कई दक्षिणेश्वर की यात्राएँ गोपनीय रहीं। इसलिए कि उनके परिवारी नहीं चाहते थे कि पूर्णचंद्र धर्म-कर्म के चक्कर में पड़ें। मगर दूसरी ही मुलाकात में रामकृष्ण ने पूर्णचंद्र से पूछा था, 'पूर्ण, तुम मेरे बारे में क्या सोचते हो? तुम्हें मैं कैसा लगता हूँ?' इस पर उस बालक का जवाब था, 'आप तो साक्षात् ईश्वर हैं, जो धरती पर हाड़-मांस लेकर अवतरित हुआ है।' इस उत्तर ने परमहंस को साफ कर दिया कि वह बालक पूर्वजन्म की आध्यात्मिक स्मृतियों और शक्तियों को लेकर ही आया है। बड़े होने पर भी पूर्णचंद्र की आध्यात्मिक शक्तियों का सभी युवा संन्यासी सम्मान करते थे।

शरतचंद्र चक्रवर्ती (शारदानंद) पहली बार अपने चचेरे भाई शशिभूषण चक्रवर्ती (रामकृष्ण नंद) के साथ दक्षिणेश्वर आए थे। वर्ष १८८३ में दोनों अठारह और बीस बरस के थे। शरत के पिता चाहते थे कि उनका बेटा डॉक्टर बने। उनका दाखिला भी मेडिकल कॉलेज में हो गया था; मगर रामकृष्ण के बीमार हो जाने पर वे दक्षिणेश्वर आ गए और फिर संन्यासी हो गए। इस पर भी उनकी रुचि रोगियों की सेवा-शुश्रूषा में हमेशा रही। भाषा और दर्शन के धनी शरत बाबू १८९६ में लंदन में विवेकानंद से मिले थे। विवेकानंद १८९३ में अमेरिका गए थे। उन्होंने ही पत्र लिखकर शरत से कहा था कि वे आएँ और उनके काम को आगे बढ़ाएँ। लंदन में दोनों की भेंट हुई और बाद में वे अमेरिका चले गए। वर्ष १८९८ तक, यानी भारत लौटने तक शारदानंद वेदांत समाज के सचिव रहे। बाद में वे रामकृष्ण मठ और मिशन के पहले सचिव बनाए गए। वे जीवन-पर्यंत इस पद पर रहे।

शारदानंद के अनेक दैनिक कर्तव्यों में एक कर्तव्य 'उधोधन'

पत्रिका चलाना भी था। इसकी स्थापना विवेकानंद ने की थी। वर्ष १९०९ के आस-पास दो राष्ट्रवादी अचानक आए और उन्होंने शारदानंद से कहा कि वे उन्हें संन्यासियों की कतार में शामिल कर लें। उस समय अंग्रेजी सरकार थी और प्रशासन उनके पीछे पड़ा था। शारदानंद ने उन्हें संन्यासी बना लिया। हालाँकि उनके इस आचरण की कड़ी निंदा हुई।

शशिभूषण (रामकृष्णानंद) भी अत्यंत समर्पित शिष्य थे। रामकृष्ण की समाधि बनवाने का सारा काम उनका था। इतना ही नहीं, समाधि बनने के बाद से जब तक वे रहे, एक दिन भी ऐसा नहीं गुजरा जब वे वहाँ प्रणाम करने नहीं गए। वर्ष १८९७ में रामकृष्ण मिशन की स्थापना मद्रास में उन्होंने ही की। सन् १९११ में अपने देहावसान तक वे इसके प्रभारी बने रहे। वे बचपन से ही बेहद होनहार थे। उन्होंने अपना अध्ययन तक रामकृष्ण के कहने से छोड़ दिया था, फिर भी उन्हें खगोलशास्त्र और गणित से आजीवन प्रेम बना रहा। नव संन्यासियों के लिए वे कक्षा भी लेते; मगर वे कभी शिक्षक की तरह आचरण नहीं करते थे, यानी उन्हें अपने शिक्षक होने का कोई गर्व नहीं था। वे अपने हर आचरण को पुरजे की तरह बताते थे। उनका कहना था कि आप एक कलम की तरह हैं। क्या कभी कलम शिकायत करती है कि उसने कितनी चिट्ठियाँ लिख लीं? वे कहा करते, 'मैं यहाँ किसी को पढ़ाने नहीं आया। मेरे लिए यह कार्य पूजा है और मैं इसे अपना कर्तव्य समझकर करता हूँ। इससे कोई फर्क नहीं पड़ता कि कोई सुन रहा है या नहीं।' मद्रास में मिशन खुलने के बाद वे नए लोगों के प्रति थोड़ा कठोर अनुशासन पसंद करते थे। जो लोग अखबार साथ ले जाते, उनसे वे अखबार लेकर अलग रख देते। कहते, 'अखबार तो कहीं भी पढ़ सकते हो। यहाँ सिर्फ

ईश्वर-चर्चा करो।'

तारकनाथ घोषाल (शिवानंद) के पिता रानी रासमणि के कानूनी सलाहकार थे। वे वर्ष १८५० से रामकृष्ण के संपर्क में थे। हालाँकि तारक की पहली मुलाकात १८८० में हुई। तब वे छब्बीस बरस के थे। उन्होंने रामचंद्र दत्त के घर में परमहंस के पहले दर्शन किए थे। दत्त के घर परमहंस को समाधि लग गई। उसी के बाद वे दक्षिणेश्वर गए। तब वे ब्राह्मसमाज के सदस्य थे। यही वजह थी कि वे निराकार ईश्वर को मानते थे। शाम को रामकृष्ण ने उनसे कहा कि वे उनके साथ काली माँ के मंदिर चलें। शुरू में तो तारक थोड़ा झिझके, मगर वे साथ चले गए। फिर उन्होंने बाद में सोचा, जब ईश्वर सर्वव्यापक है तो वह प्रतिमा में क्यों नहीं होगा? शिवानंद सच्चे अर्थों में परिव्राजक संत थे। उन्हें मठ और मिशन का जो भी काम दिया जाता, उसे वे पूरी निष्ठा और लगन से किया करते। सदैव आनंदित करनेवालों में शिवानंद अच्छे-खासे लोकप्रिय थे। फरवरी १९३४ में वे परलोक सिधार गए।

हरिनाथ चटर्जी (तुरीयानंद) ब्राह्मण परिवार के थे। उनका जन्म वर्ष १८६३ में कलकत्ता में हुआ। कट्टरपंथी ब्राह्मण परिवार में होने से वे दिन में तीन बार स्नान करते और सोने से पहले 'गीता' पढ़ना उनका नित्य-कर्म था। पूरी-पूरी रात ध्यान करना उनका अभ्यास हो गया था। धर्म की कोई भी पुस्तक हो, वे पढ़े बिना नहीं छोड़ते थे। हरि ने मात्र चौदह बरस की उम्र में परमहंस को पहली बार देखा था। वे पड़ोस में ही कहीं आए थे। दूसरी भेंट तक तो परमहंस ने ही उनकी पहचान कर ली। वे समझ गए कि यह भविष्य का योग्य और समर्थ संन्यासी है। संन्यासी होने के बाद उन्हें एक बार लगा कि कहीं यह सब निरर्थक तो नहीं है। उन्हें सपना आया। उन्होंने

देखा कि कोई उनसे कह रहा है कि सत्य का एक दाना भी सारे विश्व को आच्छादित कर सकता है। सत्य का अनुसंधान करना ही जीवन की किसी भी विधा से बड़ा और श्रेयस्कर कार्य है। विवेकानंद जब दूसरी बार अमेरिका जाने की तैयारी कर रहे थे, तब उन्होंने तुरीयानंद से कहा कि वे चलकर उनकी मदद करें। शुरू में तो वे मना कर गए, मगर बाद में उन्होंने मान लिया। रास्ते में उन्होंने स्वामी विवेकानंद की प्रख्यात शिष्य भगिनी निवेदिता से पूछा कि उन्हें अमेरिका में कैसा व्यवहार करना चाहिए? भगिनी ने चाकू का फल पकड़कर कहा, 'ऐसे!' यानी जब आप किसी को कुछ दे रहे हों तो असुविधाजनक और अप्रिय चीज अपनी तरफ रखें और दूसरे की तरफ सुविधाजनक वस्तु रखें। विवेकानंद का सोचना सही था। तुरीयानंद ठीक वैसे ही संत थे जैसा अमेरिकी पसंद करते थे। वे कम बोलते, लेकिन साथ ही रुचि सदैव काम में होती। वे कुछ शिष्य खोज लेते और उनके साथ ध्यान के प्रयोग करते। वर्ष १९०० में अमेरिका के कई शिष्यों ने विवेकानंद को सैनएंटोनियो घाटी, कैलिफोर्निया और अन्य जगहों पर आश्रम बनाने के लिए जमीन तथा इमारतें भेंट कीं। इसका सारा प्रबंध तुरीयानंद ने किया।

अपने जीवन का सबसे निर्णायक कार्य उन्होंने कैलिफोर्निया के आश्रम में किया। करीब दो वर्ष तक निरंतर कैलिफोर्निया रहते हुए सैन फ्रांसिस्को आते-जाते रहे—कभी भाषण देने, कभी ध्यान की कक्षाएँ लेने। विवेकानंद भारत लौट चुके थे। उनका स्वास्थ्य भी खराब हो गया था। उन्होंने विवेकानंद को देखने की इच्छा जताई। वे जहाज से लौट रहे थे। रंगून में उन्हें खबर मिली कि विवेकानंद ने कुछ ही दिन पूर्व शरीर छोड़ दिया है। इस सूचना के बाद उन्हें ठीक होने में आठ बरस लगे।

शरद प्रसन्न मित्र (त्रिगुणातीतानंद) आसुदा धर के पुत्र थे। वर्ष १८६५ में जनमे और राखाल, बाबूराम की तरह महेंद्रनाथ गुप्त के स्कूल के विद्यार्थी बने। वे शुरू से पढ़ने में मेधावी थे। कलकत्ता विश्वविद्यालय की प्रवेश परीक्षा में वे अच्छे अंक नहीं ला पाए थे। हालाँकि सभी को इसकी उम्मीद थी। वजह यह थी कि उनकी सोने की कलाई-घड़ी गुम हो गई थी। अवसाद के इन क्षणों में उन्हें महेंद्रजी परमहंस के पास लाए थे। पहली ही भेंट में रामकृष्ण ने उनसे कह दिया था कि वे उनके पैरों को पानी से धोकर साफ करें। यह बात उन्हें खल गई; मगर बार-बार कहने पर वे मना नहीं कर पाए। फिर तो वे दक्षिणेश्वर में ऐसे रमे कि वहीं के होकर रह गए।

वर्ष १९०२ में विवेकानंद के देह त्यागने के बाद त्रिगुणातीतानंद को सैन फ्रांसिस्को के केंद्र पर भेजा गया। वहाँ भी वे शाकाहारी भोजन का व्रत लेकर रहे। उन्हीं के निर्देशन में अमेरिका में पहला हिंदू मंदिर बना, जिसका लोकार्पण १९०६ में किया गया। वर्ष १९१४ में त्रिगुणातीतानंद बीमार थे। किसी सिरफिरे नवयुवक ने उन पर बम फेंक दिया था। हालाँकि वे घायल हुए थे और नवयुवक की घटनास्थल पर ही मौत हो गई थी, फिर भी त्रिगुणातीतानंद बहुत दिनों तक नहीं रह पाए। जनवरी १९१५ में उनका भी देहावसान हो गया।

सुबोध चंद्र घोष (सुबोधानंद) का जन्म वर्ष १८६७ में कलकत्ता में हुआ। उनके माता-पिता पहले से ही समर्पित थे। सुबोध अठारह बरस के रहे होंगे कि उनके पिता ने उन्हें एक पुस्तक भेंट की, जिसमें रामकृष्ण की शिक्षा के बारे में कुछेक पृष्ठ थे। उस पुस्तक ने सुबोध में प्यास जगा दी। वह जल्दी-से-जल्दी रामकृष्ण के दर्शन करने तथा उनके बारे में और भी ज्यादा जानने को उत्सुक हो गए। पहला अवसर मिलते ही वह दक्षिणेश्वर पहुँचे। रामकृष्ण सुबोध के माता-पिता से

मिल ही चुके थे। उन्होंने सुबोध का भी अभिवादन किया। कुछ देर तक सुबोध का हाथ अपने हाथ में रखने के बाद परमहंस ने उनसे कहा, 'माँ ने अभी मुझसे कहा है कि तुम अपना लक्ष्य प्राप्त कर लोगे।' दूसरी ही भेंट में रामकृष्ण ने सुबोध की जिह्वा पर अंगुली से लिखा—'जागो माँ, जागो!' फिर उन्होंने सुबोध से ध्यान करने के बारे में कहा। रामकृष्ण भी सुबोध की एकाग्रता की शक्ति से आश्चर्यचकित हो गए। इसी मुलाकात के बाद सुबोध अपनी भौंहों के बीच में ज्योति-पुंज को देखने लगा। मगर सुबोध स्पष्टवादी था। एक बार रामकृष्ण ने पूछ लिया, 'भाई, तुम मेरे बारे में क्या सोचते हो?' सुबोध का जवाब था, 'बहुत सारे लोग बहुत सारी बातें आपके बारे में किया करते हैं; लेकिन मैं प्रमाण के अभाव में उन्हें न सही मानता हूँ, न गलत।' मगर जल्दी ही सुबोध समझ गया कि रामकृष्ण मनुष्य का अंतिम गंतव्य हैं।

यों उन्हें 'सुबोधानंद' कहा गया, मगर विवेकानंद और दूसरे वरिष्ठ संन्यासी उन्हें खोखा (बच्चा) कहकर ही पुकारते। इसलिए भी कि वे सबसे छोटे थे। वर्ष १८९७ में विवेकानंद अमेरिका से लौट आए थे—बेहद उत्साहित। उनका मानना था कि उनके सभी साथियों को जनता के बीच बोलना आना चाहिए, तो सभी को क्रमानुसार अवसर दिया जाता। सुबोध का नंबर आया। वह पहले तो बहुत झेंपा, फिर बड़ी मुश्किल से भाषण देने को तैयार हुआ। वह बोलता, उसके पहले ही भूकंप आ गया। बाद में सभी ने कहा—तुमने बोलकर भूकंप ला दिया।

ऋषिकेश में एक बार सुबोधानंद बीमार पड़ गए। उन्हें रामकृष्ण दिखे। उन्होंने कहा, 'तुम कहो तो किसी धनी व्यक्ति को भेजूँ, जो तुम्हारी ठीक से देखभाल कर सके। सुबोध का जवाब था, 'आप

तो इतनी कृपा करें कि मैं बीमार बना रहूँ, ताकि कम-से-कम आप तो मेरी सुध लेते रहेंगे।'

गदाधर घटक (अखंडानंद)। इन्हें तुरीयानंद दक्षिणेश्वर लाए। वर्ष १८८४ में रामकृष्ण ने गदाधर से कहा कि वे विवेकानंद के साथ जुड़ जाएँ और उनके उदाहरण से कुछ सीखें। बाद में अखंडानंद विवेकानंद-दर्शन के सबसे प्रखर पुरोधा बने। अखंडानंद ने बहुत काम किया—अनाथ बच्चों के लिए स्कूल खोले, शिक्षा को बेहतर बनाने में योगदान दिया। हैजा फैला तो राहत शिविर चलाए। करीब तीन वर्ष तक वे तिब्बत में रहे।

हरिप्रसन्न चटर्जी (त्रिज्ञानानंद) का जन्म वर्ष १८६८ में हुआ। छुटपन में ही उन्हें रामकृष्ण ने दर्शन दिए। कहते हैं—तब वे पड़ोस में कहीं गए थे, मगर दक्षिणेश्वर में उनका जाना करीब अठारह वर्ष की उम्र में हुआ। उन्होंने खुद बताया, 'उस दिन कमरे में कई लोग थे। मैं भी था। मेरी पूरी चेतना रामकृष्ण पर थी। उनके ओठ हिल रहे थे। वे कुछ कह रहे थे, मगर मुझे याद नहीं है कि उन्होंने उस दिन क्या कहा। शायद मेरी चेतना के लिए उनके भाव ज्यादा प्रभावी थे। शिष्य एक-एक कर आज्ञा लेते जा रहे थे। अचानक कमरे में मैं अकेला रह गया। उन्होंने भेद देनेवाली नजरों से मुझे देखा। मैंने भी अन्यों की तरह उन्हें प्रणाम किया। अकस्मात् उन्होंने कहा—कुश्ती लड़ोगे? मैं नौजवान था। उनकी मजबूत पकड़ के बाद भी मैंने उन्हें दीवार से सटा दिया। कुछ ही पलों में मुझे लगा, उनकी हथेली से विद्युत् प्रवाह बहा और मेरी देह में प्रवाहित हो गया। मैं संज्ञा-शून्य हो गया। मुझे समाधि लग गई। थोड़ी देर में जब मैं संज्ञा में लौटा तो वे कह रहे थे—तुम जीत गए। फिर वे मुसकराए और कहा—आते रहा करो। उस दिन फिर उन्होंने उठकर मुझे प्रसाद के नाम

पर मिठाई दी और मैं प्रणाम करके कलकत्ता लौट आया। 'हालाँकि फिर मैं लगातार उनके दर्शन नहीं कर सका, क्योंकि मैं अपने परिवार के साथ घूमता रहा।'

बाद में उन्होंने पुणे से सिविल इंजीनियरिंग की। एक दिन उन्हें सपने में रामकृष्ण दिखाई दिए, फिर पता चला कि उन्होंने देह त्याग दी है। उनके मन में सदा से ही दक्षिणेश्वर को लेकर बड़े गहरे भाव थे। बाद में विवेकानंद के साथ मिलकर उन्होंने बेलूर मठ बनाया।

काली प्रसाद चंद्रा (अभेदानंद)। बहुत छोटी सी उम्र में अभेदानंद ने संस्कृत और पश्चिमी दर्शन पर पकड़ बना ली थी। वे खुले दिमाग के व्यक्ति थे। पतंजलि के योगसूत्र से अभेदानंद कच्ची उम्र में ही प्रभावित हो गए थे और चाहते थे कि कोई इसके अनुसार उन्हें ध्यान और योग करना सिखाए। रामकृष्ण से जब अभेदानंद की भेंट हुई तो उन्होंने कहा, 'तुम पिछले जन्म के योगी हो। यह तुम्हारा अंतिम जन्म है।' फिर उन्हें जब भी अवसर मिलता, दक्षिणेश्वर आ जाते। रामकृष्ण के अस्वस्थ होने पर उन्होंने उनकी खूब सेवा की। वर्ष १८९६ में वे विवेकानंद के पास लंदन गए। बाद में विवेकानंद ने उन्हें १८९७ में वेदांत समाज का प्रभारी बनाया। उन्होंने हर काम बेहद कुशलता से किया; मगर बाद में कलकत्ता आने पर उन्होंने अपना अलग वेदांत समाज बना लिया था।

□

८

समुद्र समाना बूँद में

रामकृष्ण को समझना हो तो व्याकरण से काम नहीं चलेगा। रामकृष्ण सिद्ध पुरुष हैं। सिद्धों की वाणी भिन्न होती है। वह समकालीन दार्शनिकों की तरह एक जटिल समीकरण नहीं होती। भाषा उनके लिए नहीं, आप तक पहुँचने के लिए एक जरूरी माध्यम थी। जैसे कहा जाए कि सिद्ध चित्त के पार हो जाता है तो इसका आशय यह नहीं कि उसमें से चित्त कहीं और चला गया। इसका आशय केवल इतना है कि वे सिर्फ चित्त नहीं रह गए, कुछ और भी जुड़ गया। इसी वजह से प्रार्थना में उठा रामकृष्ण का द्वैत ध्यान अद्वैत में बदल गया। प्रार्थना सदैव दूसरे के अस्तित्व और उपस्थिति को अंगीकार करके की जाती है; मगर ध्यान में दो नहीं होते। द्वैत का द्वंद्व गिरता है तो ध्यान उपलब्ध होता है। इसकी उपलब्धि में असाधारण स्मृति जैसी घटना घटती है।

कर्जन ने अपने संस्मरणों में एक घटना लिखी है—उसके पास एक विशेष स्मृति का आदमी लाया गया। बिना पढ़ा-लिखा। वैसे तो वह सिर्फ राजस्थानी जानता था। कर्जन के पास कोई तीस भाषाओं के

लोग थे। उस व्यक्ति को हर आदमी से एक शब्द सुनना था और तीसों तक जाना था, फिर उसे यही क्रम दोहराना था। उसमें घंटे भर का अंतराल भी था। बाद में उस व्यक्ति ने सभी भाषाओं के वाक्यों को न केवल पूरा कर दिखाया, बल्कि यह भी बताया कि किस आदमी ने क्या बोला था। ठीक ऐसी ही घटना स्वामी विवेकानंद के जीवन से जुड़ी है। वे जर्मनी गए तो ड्यूसन के मेहमान थे। ड्यूसन पश्चिम में इंडोलॉजी का, भारतीय ज्ञान का बहुत बड़ा पंडित था। उपनिषद् और गीता को पश्चिम में समझनेवाला वह पहला व्यक्ति हुआ। ड्यूसन ने 'गीता' का अनुवाद किया था—विश्व के बेहद चर्चित अनुवादों में से एक। इसी अनुवाद को शॉपेनहावर ने पढ़ा था और कहा था कि यह पुस्तक पढ़ने जैसी नहीं है, नाचने जैसी है। ऐसा समर्थ व्यक्तित्व था ड्यूसन का। उसी के पास विवेकानंद ठहरे थे। उन दिनों ड्यूसन जर्मन में लिखी एक पुस्तक पंद्रह दिन से पढ़ रहा था, मगर किताब थी कि पूरी नहीं हो रही थी। विवेकानंद ने वह किताब घंटे भर के लिए ड्यूसन से माँगी। उसने कहा, 'पहली बात, पुस्तक जर्मन में है और आप अच्छी जर्मन नहीं जानते। दूसरी बात, मैं पंद्रह दिनों से पुस्तक पढ़ रहा हूँ, अभी तक तो समझ में नहीं आई।' थोड़ी जद्दोजहद के बाद ड्यूसन ने पुस्तक विवेकानंद को दे दी। विवेकानंद ने एक घंटे में किताब लौटा दी। ड्यूसन ऐसे तो माननेवाला था नहीं। उसने पूछा, 'पढ़ ली पुस्तक?' विवेकानंद ने कहा, 'पढ़ ली और समझ भी ली।' उसने आधी किताब तो पढ़ी ही थी। लिहाजा कुछ सवाल उसने दाग दिए। विवेकानंद ने उसे सारे प्रश्नों के ही जवाब नहीं दिए, वह भी समझा दिया, जो ड्यूसन समझ नहीं पा रहा था। रामकृष्ण ऐसी स्मृति को ध्यान से उपलब्ध स्मरण-शक्ति बताते थे।

रामकृष्ण ने एक बार अद्वैतवाद, विशिष्टाद्वैतवाद और द्वैतवाद के

समन्वय पर कहा, 'कलियुग में लोगों के प्राण अन्न पर निर्भर हैं। देहात्म बुद्धि जाती नहीं। इस दशा में 'सोऽहम्'—मैं ब्रह्म हूँ, कहना अच्छा नहीं। जीवों को जो दुःख होता है, 'मैं' से ही होता है। बैल 'हंबा' 'हंबा' (हम-हम) करता है, इसी से उसे इतनी यातना उठानी पड़ती है। हल में जोता जाता है, वर्षा और धूप सहनी पड़ती है, फिर कसाई काटते हैं, चमड़े के जूते बनाते हैं। फिर भी निस्तार नहीं। अंत में आँतों से ताँत बनती है और धुनिया उसे अपने धनुहे में लगाता है। तब वह 'मैं' नहीं कहता। तब कहता है 'तू-ऊँ', 'तू-ऊँ'—यानी तुम। जब जीव मैं के बजाय तुम कहता है, तब निस्तार होता है। राम ने पूछा—'हनुमान, तुम मुझे किस भाव से देखते हो?' हनुमान ने कहा—'राम, जब मुझे मैं का बोध रहता है, तब देखता हूँ—तुम पूर्ण हो, मैं अंश हूँ; तुम प्रभु हो, मैं दास हूँ और प्रभु, जब तत्त्वज्ञान होता है तब देखता हूँ—तुम्ही मैं हो और मैं ही तुम हो।'

'मैं और मेरा' अज्ञान है। विश्वास और भक्ति चाहिए। उन्होंने कहा—किसी मनुष्य को लंका से समुद्र पार जाना था। विभीषण ने कहा—इस वस्तु को कपड़े के छोर में बाँध लो तो बिना किसी बाधा के पार हो जाओगे, जल के ऊपर चलकर जा सकोगे; परंतु खोलकर न देखना, देखा कि डूबे। वह समुद्र के ऊपर आनंदपूर्वक चला जा रहा था। संशय और कुतूहल साधारण वृत्ति है, उसे भी हुई। उसने सोचा, विभीषण ने ऐसा क्या बाँध दिया है कि मैं समुद्र के ऊपर उड़ा जा रहा हूँ। उड़ते-उड़ते ही उसने खोल लिया। उस पुरजे पर 'श्रीराम' लिखा था। जैसे ही देखा, उसे लगा कि बस, इतने पर मैं उड़ रहा था। उसका विश्वास डिगा और वह गिर गया।

महेंद्रनाथ गुप्त का जिक्र पहले भी आ चुका है। वे परमहंस के अद्भुत प्रेमी थे। उन्होंने बँगला में रामकृष्ण कथामृत भी लिखा। वर्ष

१८५४ में महेंद्रनाथ को उनकी माँ दक्षिणेश्वर दिखाने लाई थीं। बेहद भीड़ थी। मंदिर नया-नया बना था। महेंद्र उस भीड़ में माँ से बिछुड़ गए। अचानक कहीं से एक तेजस्वी पुरुष आया और उसने हिचकियाँ भर-भरकर रोते महेंद्र को चुप कराया। थोड़ी देर में उसकी माँ मिल गई। बाद में महेंद्र ने माना कि वे संभवतया रामकृष्ण ही थे। वर्ष १८७५ में उन्होंने स्नातक किया और केशवचंद्र सेन की एक रिश्तेदार लड़की से ब्याह भी किया। इसी वजह से वे केशवचंद्र सेन के भक्त बन गए और स्नातक होने की वजह से शिक्षक। १८८२ में जब वे दक्षिणेश्वर पहुँचे, तब पढ़ा रहे थे। पहली भेंट के वक्त रामकृष्ण लकड़ी के सोफे पर बैठे थे और कई लोग नीचे। वे मुसकराते हुए ईश्वर के बारे में कुछ कह रहे थे। सभी भक्त उस मधुपान में निमग्न थे। रामकृष्ण कह रहे थे—'हरि' या 'राम' का नाम लेने पर यदि किसी की आँखें अश्रुपात करने लगती हैं या उसकी रोमावलियाँ हर्षित हो जाती हैं तो उस आदमी को फिर कर्मकांड करने की जरूरत नहीं रह जाती। ऐसे में ईश्वर का नाम-स्मरण ही पर्याप्त होता है। इसे यों समझें कि पारंपरिक पूजा गायत्री मंत्र में समाहित हो जाती है और गायत्री मंत्र 'ॐ' में।

रामकृष्ण ज्यादातर बँगला में बोलते। वह भी लोक-भाषावाली बँगला। उनके मुँह से निकलते ही भाषा अपना हिंसक असर खो देती थी। वे जिस अनजानेपन से बोलते थे, उसमें भाषा की कायिक हिंसा के लिए कोई स्थान न था। एक सुबह महेंद्रनाथ फिर उनके पास चले गए। रामकृष्ण दाढ़ी बनवाने वाले थे। नाई था। करीब आठ बज रहे थे। महेंद्र को देखकर रामकृष्ण ने कहा, 'तुम फिर आ गए। चलो, अच्छा हुआ।'

रामकृष्ण : तुम्हारा घर कहाँ है?

महेंद्रनाथ : कलकत्ता में।

रामकृष्ण : वहाँ कहाँ रहते हो?

महेंद्रनाथ : वह ईशान कविराज का घर है। उसमें मैं अपनी बड़ी बहन के साथ रहता हूँ।

रामकृष्ण : अच्छा, ईशान के घर में। तब तो तुम्हें पता होगा, केशव (चंद्रसेन) कैसा है? वह काफी बीमार था।

महेंद्रनाथ : मैंने भी सुना था, मगर अब वे ठीक हैं।

रामकृष्ण : मैंने केशव के बेहतर स्वास्थ्य के लिए माँ से प्रार्थना की थी। मैंने कहा था कि वह ठीक हो जाए तो मैं नारियल और चीनी का प्रसाद चढ़ाऊँगा। इस मनौती की वजह थी कि यदि केशव ही नहीं रहा तो कलकत्ता में मैं किससे बात करूँगा? क्या तुम कुक साहब के बारे में जानते हो? वैसे केशव मुझे उनके पास ले गया था।

महेंद्रनाथ : मैंने भी कुक के बारे में सुना है; मगर उनके भाषण नहीं सुने, इसलिए मैं उनके बारे में ज्यादा नहीं जानता।

रामकृष्ण : अच्छा, यह बताओ, तुम साकार ईश्वर को मानते हो या निराकार ईश्वर को?

महेंद्रनाथ : यदि कोई व्यक्ति ईश्वर को निराकार मानता है तो वह उसे साकार कैसे मान सकता है, या यदि कोई ईश्वर को साकार मानता है तो वह उसे निराकार कैसे मान लेगा? क्या दूध एक ही वक्त में सफेद और काला हो सकता है? इसलिए मैं निराकार ईश्वर को मानता हूँ।

रामकृष्ण : वैसे यह अच्छा है कि कोई ईश्वर को एक ही तरह से माने; मगर यह गलत होगा कि तुम अपने मन में यह मान लो कि सिर्फ तुम्हारा मानना सही है और दूसरे जो भी मानते हैं, वह गलत है।

यह बात महेंद्रनाथ के गले नहीं उतर रही थी। इसलिए वह परमहंस से बहस किए जा रहा था। उसने पूछा—

परमहंस, अगर यह मान भी लो कि ईश्वर साकार होता है, तब भी वह मिट्टी की बनाई प्रतिमाओं से मिलता-जुलता तो नहीं होगा।

रामकृष्ण : तुम उस प्रतिमा को सिर्फ मिट्टी की कैसे कह सकते हो? वह तो आत्मा से बनाई गई प्रतिमा है। (थोड़ा सा रुककर परमहंस ने कहना जारी रखा) तुम सब कलकत्तावाले दूसरों को समझाने पर क्यों आमादा रहते हो? विश्व का एक अकेला शिक्षक परमात्मा है, जो जीवों को शिक्षित करता रहता है। फिर जो भी समझा रहा है, उसका अपना 'रियलाइजेशन' कितना है! वह कितना समर्पित है! वह जानता है ईश्वर को, फिर दूसरों को क्यों समझाता है?

महेंद्रनाथ को लगा, परमहंस ठीक ही तो कह रहे हैं। ईश्वर पर बात करना इतिहास और साहित्य की तरह तो है नहीं कि पढ़ा और बताने लगे। उनकी सहमति भीतर तक थी कि परमहंस ठीक कह रहे हैं। परमहंस बोलते रहे। उन्होंने कहा—

तुम मिट्टी की प्रतिमा की पूजा की बात कर रहे थे। विकास की अलग-अलग सीढ़ियाँ होती हैं।

सभी अलग-अलग सोपान पर खड़े होते हैं। जिसे जो भला लग जाए, वह वही करने लगता है और उसे करना चाहिए। महेंद्रनाथ राजी हो गया। उसने पूछा—

मगर हम ईश्वर में अपना मन कैसे लगाएँ? ईश्वर का नाम लें, उसके भजन अहोभाव में भरकर गाएँ और पुनीत लोगों की संगति में रहें। साधु के पास जाने का भी सबब है, कारण है। जैसे पौधा छोटा होता है तो उसकी देखभाल ज्यादा करनी होती है। उसे चारों तरफ से बचाया जाता है, ताकि मवेशी या कोई और उसे नुकसान न पहुँचा दे, फिर जब वह बड़ा हो गया है तो इसकी जरूरत नहीं होती। उसी तरह दिन-रात सांसारिक कामों में लगे रहते हुए उसके प्रति अनुराग नहीं उपजता। इसलिए संगति ठीक चाहिए।

महेंद्रनाथ : क्या ईश्वर को देखना संभव है? कैसी मनोदशा हो तो ईश्वर दिखाई दे?

रामकृष्ण ने कहा—निश्चित ही ईश्वर को देखना संभव है। उतना ही साफ और स्पष्ट जैसे तुम मुझे और मैं तुम्हें देख रहा हूँ; मगर जैसे आदमी पैसों के लिए, स्त्री बच्चों के लिए विलाप करती है। आदमी परेशान रहता है, अजीब सी बेचैनी और तिलमिलाहट में रहता है। वैसी बेचैनी, तड़प पैदा करनी होगी।

रामकृष्ण की महिला शिष्याएँ भी थीं। यों भी महिलाएँ ज्यादा समर्पित होती हैं। इसलिए भी कि वे संतुलित होती हैं। वे मानती ही नहीं थीं कि रामकृष्ण पुरुष भी हैं। वे सभी उन्हें अपने में से ही एक मानतीं। भेद मिट जाता है देह का भी। एक कहानी है—पुराना जमाना था। एक गुरुजी अपने शिष्यों को जो भी सिखाते, उसमें एक बात यह भी थी कि महिलाओं से दूर रहो। उनके दो प्रिय शिष्य थे। एक थोड़ा उम्रदराज था और दूसरा नवयुवक। एक दिन वे लोग आश्रम लौट रहे थे। रास्ते में एक नदी पड़ती थी। बहुत गहरी नहीं थी, मगर प्रवाह काफी था। एक लड़की बार-बार नदी में पैर डाल रही थी और प्रवाह के भय से पैर वापस निकाल लेती। उन दोनों ने भी देखा। उम्रदराज शिष्य तेजी से चलते हुए नदी पार कर गया। नवयुवक पीछे था। उन्होंने पलटकर देखा कि वह युवक लड़की को कंधे पर बिठाकर नदी पार करा रहा है। थोड़ी देर बाद उम्रदराज संन्यासी ने नवयुवक से कहा, 'आज मैं तुम्हारी शिकायत करूँगा।' इसपर उसने कहा, 'कैसी शिकायत?' 'अरे, तुमने अभी एक लड़की को कंधे पर बिठाकर नदी पार कराई।' तब तक आश्रम आ चुका था। उसने जवाब दिया, 'मैंने तो लड़की को नदी के दूसरे किनारे अपने कंधे से उतार दिया और तुम अब तक उसे अपने कंधे पर बिठाए हो।'

रामकृष्ण की अनुरागी शिष्याओं को कभी लगता ही नहीं था कि उनके 'गुरु' पुरुष भी हैं। योगी माँ, गोलप माँ, अघोरमणि देवी—ये कुछ नाम हैं, जो रामकृष्ण के साथ-साथ माँ शारदा की भी अनुयायी थीं।

योगी माँ एक धनाढ्य व्यक्ति की पत्नी थीं। मगर दुर्भाग्य यह था कि उनका घरेलू जीवन नरक था। उन्होंने रामकृष्ण के एक रिश्तेदार बलराम से दक्षिणेश्वर और परमहंस के बारे में काफी सुन रखा था।

पहला अवसर मिलते ही वे दक्षिणेश्वर गईं। परमहंस की नजर योगी माँ पर जैसे ही पड़ी, उन्हें लगा जैसे उनका सारा तनाव विगलित हो गया। बस यह बात योगी माँ के समर्पण के लिए पर्याप्त थी। अब वे निरंतर इस कोशिश में रहतीं कि जैसे भी हो, परमहंस के पास रहा जाए। कुछेक दिनों के बाद तो वे माँ शारदा का सान्निध्य पा गईं। दिन की शुरुआत वे या तो परमहंस के सान्निध्य से करतीं या माँ शारदा के। एक बार परमहंस ने कहा था, 'कुछ दिनों बाद लोग आश्चर्य करेंगे कि उन्हें इतनी ज्यादा तरह से ईश्वर के अस्तित्व का बोध हुआ है।' क्योंकि दिन का शेष समय वे धार्मिक अभ्यासों में लगातीं।

गोलप माँ विधवा थीं, मध्यम वर्ग की। उनकी एक बेटी थी। उसका भी निधन हो गया। इससे वे बेहद दुःखी थीं। उन्हें जीवन निस्सार लगने लगा। उन्होंने सुना था योगी माँ के बारे में, दक्षिणेश्वर और परमहंस की स्पर्श चिकित्सा के बारे में। एक दिन वे भी दक्षिणेश्वर पहुँच गईं और उन्होंने अपने मन की हर गाँठ को अनावृत कर दिया। परमहंस ने कहा, 'तुम बेहद सौभाग्यशाली हो, जिसका अहंकार बड़ा नहीं हुआ, वरना साधना की दिशा में थोड़ा कष्ट होता।'

ऐसा भी नहीं कि रामकृष्ण को सभी 'गुरु' की तरह ही प्रेम करते थे। ऐसे भी लोग थे, जो उन्हें पुत्रवत् मानते थे। इनमें देवेंद्रनाथ मजूमदार की माँ भी एक हैं।

एक दिन मजूमदार की माताजी और परिवार के कई सदस्य परमहंस के पास गए। सभी ने उन्हें प्रणाम किया, मगर माताजी ने नहीं। वे खड़ी रहीं। आखिर परमहंस ने उन्हें अपने नजदीक ही बिठाया। उन दोनों के बीच संवाद भी माँ और बेटे जैसा हो रहा था। जो देख रहे थे, आश्चर्यचकित थे और माताजी भाव-विभोर इतनी निमग्न हो गईं कि साथ लाई मिठाई देना भी भूल गईं। थोड़ी देर में रामकृष्ण ने ही

मिठाई खाने की इच्छा जताई तो साथ आए एक साथी को उन लोगों ने बाजार भेजा। मगर रामकृष्ण बच्चे की तरह ललक रहे थे। उन्होंने माताजी से झपटते हुए आग्रह किया कि आपके पास यह है, यह मुझे दो। माताजी की आँखों से अविरल अश्रु बहते रहे।

ऐसी ही एक माँ थीं अघोरमणि देवी। वे रामकृष्ण की अनन्य उपासिका थीं। वर्ष १८८४ में करीब साठ वर्ष की उम्र में अघोरमणि की भेंट रामकृष्ण से हुई थी। वे थोड़ी सी मिठाई अपने साथ ले गई थीं। रामकृष्ण ने उनसे कहा, 'मेरे लिए जो लाई हो, देती क्यों नहीं?' उन्होंने बहुत सकुचाते हुए मिठाई दी और परमहंस जैसे इसी मिठाई के लिए बैठे थे। पूरी तृप्ति के साथ उन्होंने खाया और फिर कहने लगे, 'तुम बाजार से क्यों लाती हो? व्यर्थ खर्चा क्यों करना? घर में नारियल की मिठाई बन सकती है।' इसके बाद उन्होंने कई तरह की मिठाइयों के बारे में बोलना शुरू किया। अघोरमणि को पहले तो लगा कि रामकृष्ण कैसे साधु हैं? सारे समय मिठाई की बात करते रहे। कहीं मैं गलत जगह तो नहीं आ गई? लेकिन लोग तो इन्हें सिद्ध कहते हैं। दक्षिणेश्वर के मुख्यद्वार से निकलते हुए अघोरमणि को लगा, जैसे रामकृष्ण ने उन्हें निरंतर आने का आग्रह किया है और कुछ ही दिन बीते होंगे कि वे कुछ और बनाकर उनके लिए ले आईं। रामकृष्ण ने उसे बहुत आनंद से खाया और जमकर प्रशंसा की। कहते हैं, उन्हें रामकृष्ण में वास्तविक गोपाल के दर्शन हुए थे। ब्राह्म मुहूर्त में वे एक बार प्रार्थना कर रही थीं कि मंदिर में रामकृष्ण उपस्थित हो गए। थोड़ी ही देर में उनकी जगह उन्हें गोपाल दिखे और फिर वे दक्षिणेश्वर की ही होकर रह गईं। वे कहती थीं कि मेरे सारे विकल्प गिर गए। अब कोई सवाल नहीं, केवल महासागर जैसा उत्तर है, जिसमें मैं गोते लगाती हूँ।

एक दिन उनसे किसी ने पूछा, 'परमहंस, ज्ञान-मिश्रित भक्ति और प्रेम-भक्ति में श्रेष्ठ कौन है?' उन्होंने कहा, 'ईश्वर के प्रति एकांत अनुरागी हुए बिना प्रेमभक्ति नहीं होती और ममत्व-ज्ञान भी जरूरी है। जब तक यही पता न हो कि ईश्वर मेरे अपने हैं, तब तक क्या होगा।' तीन दोस्त जंगल में जा रहे थे। अचानक शेर आ गया। एक ने कहा—अब तो मरे। दूसरा बोला—अरे, मरेंगे क्यों? ईश्वर का जप करते हैं, सब ठीक होगा। तीसरे ने कहा—नहीं, इतनी सी बात के लिए ईश्वर को कष्ट देना ठीक नहीं; आओ, पेड़ पर चढ़कर बैठें। जिसने कहा मरे, उसे ईश्वर के बारे में कुछ पता नहीं था। जो ईश्वर का जप करना चाहता था, वह जानता था कि ईश्वर सृष्टि, स्थिति और प्रलय के मूल कारण हैं और जिसने कहा, उसे तकलीफ क्यों दें, उसमें स्नेह का भाव था। प्रेम का स्वभाव ही ऐसा है, जो प्रेम करनेवाले को बड़ा और जिस पर प्रेम किया जा रहा है, उसे छोटा समझता है।

रामकृष्ण नवयुवकों से सर्वाधिक चर्चा करते थे। उनका मानना था कि इनकी खोज शुरू होती है। मैं तो केवल प्रेरक हूँ। पहुँचेंगे तो ये ही। इसलिए ये किसी गलत लक्ष्य पर न रुक जाएँ।

विवेकानंद तब नरेंद्र थे, बेहद युवा। सारा कमरा खचाखच भरा हुआ। रामकृष्ण ने नरेंद्र की ओर देखकर पूछा, 'नरेंद्र, तुम्हें क्या लगता है, सांसारिक आदमी ईश्वर अनुरक्त भक्त के प्रति कई तरह की चलताऊ टिप्पणियाँ करता है, फिकरे कसता है; मगर तुम जानते हो, जब हाथी चलता है तो वह आस-पास के शोरगुल से पीछे मुड़कर नहीं देखता। तुम्हें कैसा लगता है, जब लोग तुम्हारे खिलाफ बोलते हैं?'

नरेंद्र ने कहा, 'मैं सोचता हूँ, कुत्तों को भौंकने देना चाहिए। शायद उनका काम यही है।'

रामकृष्ण ने मुसकराते हुए कहा, 'अरे नहीं, मैं चाहता हूँ, तुम

इसके भी पार चले जाओ।' और सभी हँसने लगे।

ईश्वर सारे अस्तित्व में है। वह सब पर बरस रहा है; मगर उसकी नजदीकी, उसकी घनिष्ठता सिर्फ नेक मनुष्यों से होती है। शेर में भी ईश्वर है, मगर इसका आशय यह नहीं कि मनुष्य शेर का आलिंगन करने के लिए दौड़ पड़े। यह तर्क भी दिया जा सकता है कि जब शेर में भी ईश्वर है तो उससे भागा क्यों जाए? तो इसका भी उत्तर है कि इतने सारे और लोग हैं। उनमें भी ईश्वर है, वे सब कह रहे हैं कि भाग जाओ। उनकी बात क्यों नहीं मानी जानी चाहिए? गहरे में रामकृष्ण वही कह रहे हैं, जो छांदोग्य उपनिषद् (३:१८) में कहा गया है। ऑगस्टाइन ने भी कहा है—परमेश्वर के लिए मैंने पृथ्वी से प्रश्न किया और उसने कहा—वह मैं नहीं हूँ। मैंने समुद्र से और उसकी गहराई में रहनेवाले जल-जंतुओं से प्रश्न किया और उन्होंने उत्तर दिया—हम परमेश्वर नहीं हैं। हमसे ऊपर खोज करो। उसके बाद मैंने शीतल-मंद समीर और नभमंडल के प्राणियों से प्रश्न किया, उत्तर फिर वही मिला। मैंने इसके बाद पदार्थों से प्रश्न किया। उन्होंने कहा—परमात्मा ने हमें बनाया है, मगर हम वह नहीं हैं। अंत में अपनी आत्मा से पूछा तो उत्तर मिला—'तुम्हारा परमेश्वर तुम्हारे पास है, वह तुम्हारे जीवन का भी जीवन है।' जैसे जीसस ने कहा, 'ब्लेस्ड आर द पुअर इन स्पिरिट', वे जो आत्मा से गरीब हों, यानी विनम्रता और पवित्रता दोनों बातें इसमें हैं। पुअर इन स्पिरिट, क्योंकि अविनम्र होने के लिए, यानी अहंकारी होने के लिए कुछ तो चाहिए। खुद की मिल्कियत में यदि कुछ भी न रखा हो तो अकड़ कैसे होगी, गर्व कैसा? केवल उन्हें ही आशीर्वाद मिलेगा, जो आत्मा से गरीब हैं। अपरिग्रह की इंतहा है यह। रामकृष्ण ऐसे ही अपरिग्रह और ऐसी ही आत्मा की बात करते हैं। यही बात उन्होंने नरेंद्र के माध्यम से जगत् से कही।

एक बार रामकृष्ण से किसी ने पूछा, 'परमहंस, विवाह करना ठीक है या नहीं?' उन्होंने बाइबल के हवाले से कहा था, 'जहाँ तक संभव हो, विवाह नहीं करना चाहिए; लेकिन जलने से बेहतर है कि विवाह कर ही लिया जाए। यदि मन इस बात के लिए राजी न हो कि अकेले रहा जाए तो उसे दबाएँ नहीं, विवाह कर लें। विवाह करें, तभी उसकी निस्सारता का पता चलेगा।' सिर्फ सुनकर पाया गया अनुभव रेडिमेड है। इससे कुछ भी हासिल नहीं होता। परमहंस के एक शिष्य थे हरिनाथ। लड़कियों और महिलाओं के लिए वे और तरह से सोचते थे, यानी उन्हें करीब भी नहीं आने देते। कभी गलती से कोई करीब आ भी जाए तो वे नजर उठाकर नहीं देखते थे। रामकृष्ण को पता चला तो उन्होंने इस पर नाराजगी जताई। उन्होंने कहा, 'यह बिलकुल ठीक नहीं है। हर लड़की माँ का (काली माँ) प्रतिरूप है। उसकी तरफ न देखकर आप माँ का अपमान कर रहे हैं। अपने भीतर के कलुष को नैतिकता का नाम देकर आप ठीक नहीं करते। यदि लड़की तुम्हें माँ का प्रतिरूप लगने लगेगी तो फिर उससे भागने की भी जरूरत नहीं पड़ेगी। यह भीतरी बदलाव होगा।'

□

९

ज्यों-की-त्यों धरि दीन्ही चदरिया

वर्ष १८८५ की शुरुआत ही अगहनी थी। रामकृष्ण को बहुत गरमी लगती थी। कोई उपाय न था। शिष्यों का परामर्श था कि वे जितना हो सके, बर्फ चूसते रहें। बर्फ यों तो ठंडी होती है, मगर उसकी तासीर ठंडी नहीं होती। बर्फ के लगातार चूसने से रामकृष्ण को गले में दर्द होने लगा। जिन शिष्यों ने उन्हें गरमी से निजात दिलानी चाही, वे सभी रुआँसे हो गए। हरेक उनकी पीड़ा अपने पर झेलने को तैयार था, लेकिन कुछ किया नहीं जा सकता था। हालत यह हो गई कि वे बिना बर्फ के रह नहीं सकते थे और बर्फ उन्हें ठीक नहीं रहने दे रही थी। डॉक्टरों का परामर्श था कि वे इस हालत में कम-से-कम बोलें और ध्यान भी न करें। ध्यान करने से गले में रक्त आ जाता था और ध्यान उनका सहज अभ्यास हो गया था। यह अप्रैल की बात है।

मई में वैष्णवों का वार्षिक जलसा होता था। दक्षिणेश्वर से कुछ मील दूर गंगा तट पर बसे गाँव पनीहटी में हर वर्ष लोग जुटते। यह

जलसा महाप्रभु चैतन्य के मुख्य शिष्य नित्यानंद की स्मृति में आयोजित किया जाता था। रामकृष्ण हर साल वहाँ जाते थे। इस बार उनकी इच्छा नवयुवक संन्यासियों को साथ लेकर जाने की थी। शिष्यों ने मना किया, मगर परमहंस कब माननेवाले थे। हालाँकि उन्होंने सभी से यह कहा कि वे घंटे-दो घंटे रुककर वापस आ जाएँगे। इतना ही नहीं, उन्होंने भरोसा दिया कि वे चेतना में रहेंगे और समाधि में नहीं जाएँगे। सभी ने कहा कि इससे भी बात नहीं बनेगी। उन्हें वायदा करना होगा कि वे कीर्तन में भी हिस्सा नहीं लेंगे। सभी जानते थे कि जैसे ही भाव-विह्वल और भाव-प्रवण भजन उनके कानों में पड़ते, वे समाधि में पहुँच जाते हैं। वे वहाँ पहुँचे। एक वैष्णव नृत्य कर रहा था। उसकी बनावटी मुद्राएँ देखकर परमहंस हँसने लगे। सभी समझे कि रामकृष्ण ने अपनी स्थिति पर काबू पा लिया है। अब वे समाधि में नहीं जाएँगे; मगर थोड़ी ही देर में वे नर्तकों के साथ नृत्य दल में शामिल हो गए और समाधि में चले गए। करीब डेढ़ घंटे में रामकृष्ण सामान्य हो पाए। स्वामी शारदानंद ने बताया, "रामकृष्ण तब सपने में दिखे किसी देव-पुरुष जैसे लग रहे थे। उनके बदन से जैसे रश्मियाँ फूट रही थीं। कीर्तन करनेवाला समूह उन्हें निताई (नित्यानंद) के रूप में देख रहा था। भीड़ जबरदस्त उल्लास में थी। धीरे-धीरे कीर्तन करनेवाली कमोबेश हर मंडली वहीं जुड़ गई, जहाँ परमहंस खड़े थे। सभी परमहंस की ओर अँगुली उठा-उठाकर गा रहे थे—हमारे प्रेमदाता, मुक्तिदाता, अभयदाता, ज्ञानदाता यही हैं। भीड़ उन्हें करीब चार घंटे तक घेरे रही, तब कहीं वे उस नौका तक पहुँच पाए, जो उन्हें दक्षिणेश्वर ले जाने के लिए तैयार खड़ी थी।"

पनीहटी की यात्रा ने रामकृष्ण के स्वास्थ्य को और गिरा दिया। उनके गले की पीड़ा असह्य हो गई। थोड़ी-बहुत बारिश भी हुई तो डॉक्टरों ने उनकी तबीयत के लिए मौसम को दोषी ठहराया, फिर भी

उन्होंने गलफड़े में और बाहर पट्‌टी कर दी, लेकिन सब बेअसर रहा। उन्होंने रामकृष्ण को हिदायत भी दी कि वे कृपा कर कम-से-कम बोलें। जितना जरूरी हो उतना ही बोलें; मगर वे नहीं माने।

इतना होते-होते जुलाई का महीना आ गया। गले में इतनी सूजन आ गई कि न तो वे ठोस भोजन कर पाते, न तरल। गले से नीचे कुछ उतरना ही असंभव हो गया। जो इलाज बन पड़ा, किया गया; मगर परमहंस ने समाधि में जाना और खूब बोलना नहीं छोड़ा।

दूसरी तरफ रामकृष्ण की व्याधि के बारे में जो भी सुनता, दौड़ा चला आता। भीड़ बढ़ती जा रही थी और परमहंस हर आगंतुक से चर्चा करना जारी रखते। कुछ-न-कुछ हिदायत देते, विकल्प सुझाते, लौकिक और पारलौकिक प्रश्नों के उत्तर देते। उन्होंने माँ से शिकायत भी की, 'तुमने इतने सारे शिष्य क्यों भेज दिए? मेरे पास मुँह धोने और खाने का भी वक्त नहीं है। यह पूरा शरीर एक ऐसे ढोल में बदल गया है, जिसमें अनेक छेद हैं। यदि यह सब चलता रहा तो कितने दिन यह सब चल पाएगा?'

स्वामी विवेकानंद बेहद चिंतित थे। वे चिकित्सा की किताबें पढ़ रहे थे और डॉक्टरों से निरंतर परामर्श कर रहे थे। उन्होंने साथी शिष्यों को बताया कि जो तकलीफ परमहंस को है और जो लक्षण दिखाई दे रहे हैं, वे भयावह हैं। परमहंस को कैंसर हो सकता है। अब तो उनके गले से खून भी आने लगा। डॉक्टरों की राय है कि यह कभी भी कैंसर में बदल सकता है। सभी अजीब सी शंका में डूबे हुए। कुछ लोगों की राय थी कि रामकृष्ण को अच्छे इलाज की बेहद जरूरत है। इसलिए अगर वे मान जाएँ तो कलकत्ता में ही रखा जाए। आनन-फानन में एक मकान खोजा गया। उसकी छत से गंगा के दर्शन होते थे। सभी प्रमुदित थे कि यह स्थान परमहंस को रास आएगा; मगर वे एक रात भी वहाँ

रुकने को तैयार नहीं हुए। वे बलराम बोस के घर चले गए। बलराम परमहंस को पाकर आह्लादित हो गए। उन्होंने अनुनय की कि जब तक बेहतर व्यवस्था न हो जाए, वे यहीं पर ठहरें।

इस बीच सैकड़ों शिष्य यहाँ-वहाँ डॉक्टरों के लिए घूमने लगे। जिसे जो दिखा, वह उसे ही पकड़ लाया। लगभग सभी डॉक्टरों का कहना था कि परमहंस को कैंसर हो गया है। फिर भी वे अपनी क्षमतानुसार इलाज करने को तैयार हो गए। हालाँकि सभी डॉक्टर निराश थे। उनके पास उम्मीद का कोई सिरा ढूँढ़े नहीं मिलता। अंत में होम्योपैथ डॉ. महेंद्रलाल सरकार को चुना गया। एक तो उस समय होम्योपैथी अच्छी-खासी चर्चित थी, दूसरे इस विधि से इलाज में ज्यादा दवाइयाँ भी नहीं देनी पड़ती थीं। रामकृष्ण ज्यादा दवाई लेने से परहेज करते।

कलकत्ता में रहने से जल्दी ही यह खबर फैल गई कि रामकृष्ण को कैंसर हो गया है। फिर तो बलराम का घर सुबह से शाम तक शिष्यों से पटा रहता। लोग थे कि जाने का नाम ही नहीं लेते। अकल्पित पीड़ा में भी परमहंस अपने शिष्यों के बीच लगातार प्रसन्नता दिखाते रहते, उनके दर्द को समझने की कोशिश करते और जितना बन पड़ता बोलते भी। करीब सप्ताह भर बलराम के घर रहने के बाद श्यामपुकुर स्ट्रीट में एक घर खोज लिया गया। अब तक माँ शारदा दक्षिणेश्वर में ही रह रही थीं। उन्हें लाया गया। वे ही रामकृष्ण के लिए यहाँ भोजन तैयार करती थीं। हालाँकि वे बेहद शरमीले स्वभाव की थीं। भीड़ काफी रहती थी तो माँ शारदा को तीन बजे तड़के उठना होता था, ताकि वे दैनिक क्रियाएँ जल्दी और एकांत में ही निपटा लें। बाद में तो भीड़ जुट ही जाती।

डॉ. सरकार ने पहली बार आने की तो फीस ली थी, मगर जैसे

ही उन्हें पता चला कि सबकुछ शिष्य जैसे-तैसे कर रहे हैं, उसके बाद उन्होंने घोषणा कर दी कि वे कोई शुल्क नहीं लेंगे। आरंभ में महज सरकार को ही विश्वास था कि रामकृष्ण ठीक हो जाएँगे, हालाँकि वे इसके इलाज की अवधि लंबी बताते थे।

धीरे-धीरे शिष्यों के तर्कों की वजह से तीन समूह बन गए, यानी हर समूह की अपनी व्याख्या थी कि रामकृष्ण बीमार क्यों हैं? उसकी वजह क्या है? आस्था के अपने-अपने स्तर होते भी हैं। पहला समूह गिरीश घोष और साथियों का था। उनका मानना था कि परमहंस एक दिव्य आत्मा का अवतरण हैं। इसलिए यदि वे बीमार हैं तो हैं। इसमें उनका अपना कोई कारण सन्निहित है। जैसे ही वह कारण पूरा हो जाएगा, परमहंस अपने आप स्वस्थ हो जाएँगे।

दूसरे समूह का कहना था कि परमहंस सदैव अपने को माँ काली का पुत्र कहते रहे हैं। वे माँ की इच्छा के अलावा अपनी किसी इच्छा को तरजीह नहीं देते थे। इसलिए सिर्फ यही माना जा सकता है कि परमहंस माँ काली की इच्छा से ही व्यथा झेल रहे हैं। इसमें भी शायद मानवता का कुछ भला हो, क्योंकि हमारे पास माँ की इच्छा जानने का कोई साधन नहीं है।

मगर तीसरा समूह इन सबसे अलग सोचता था। वह दिव्य प्रकृति और शारीरिक प्रकृति में भेद करता था। वे देह को मर्त्य मानते थे, इसलिए उसमें व्याधि को अपरिहार्य भी मानते थे। इस समूह में विवेकानंद भी थे। यही वजह थी कि वे सभी आधुनिक विज्ञान की मदद से शारीरिक प्रकृति को यथावत् करने में लगे थे। स्वामी विवेकानंद के तर्क के साथ सब न सही, लेकिन ज्यादातर युवा संन्यासी थे।

डॉ. सरकार शनैः-शनैः रामकृष्ण के चुंबकीय क्षेत्र में प्रवेश कर गए। वे दिन में कई बार उन्हें देखने आने लगे। वे इतनी अधिक बार

आते कि उनकी निजी प्रैक्टिस प्रभावित होने लगी। पुराने रोगियों के लिए भी उनके पास समय का अभाव होने लगा; मगर वे परमहंस से अनेक विषयों पर बातचीत करते और उठते समय हिदायत देना नहीं भूलते कि आपने मुझसे काफी देर तक बात की है। अब दिन भर किसी से भी चर्चा न कीजिएगा। बावजूद इसके डॉ. सरकार उन्हें अवतार मानने को तैयार नहीं थे। एक बार डॉक्टर परमहंस के पास थे। दो युवा संन्यासियों ने भजन गाए और वे समाधि में चले गए। डॉक्टर भौंचक्के रह गए। उन्होंने उनकी नाड़ी देखी और भी परीक्षण किए तथा कहा कि ये लोग किसी भी तरह से चेतना में नहीं हैं। फिर परमहंस ने उनके सीने पर हाथ घुमाया, ईश्वर का नाम-स्मरण किया और वे अपनी संज्ञा में लौट आए। दुर्गा-पूजा के समय परमहंस समाधि में चले गए। डॉक्टर ने स्टेथस्कोप से हृदय की धड़कन सुनी। वह सुनाई नहीं दी। नाड़ी में गति नहीं थी। यहाँ तक कि उन्होंने रामकृष्ण की आँख की एक पलक उठाकर उनकी पुतली को भी छू दिया, फिर भी उसमें कोई प्रतिक्रिया नहीं थी। उन्होंने सारे तथ्य लिखे और कहा कि वे इस सबको विज्ञान के आधार पर समझा पाने में असमर्थ हैं। यह हुआ है, ऐसा होता नहीं है। सिवा इसके वे कुछ नहीं कह सके।

नवंबर आ गया। काली-पूजा का दिन भी आया। रामकृष्ण ने अपने शिष्यों को छोटे पैमाने पर पूजा की इजाजत दे दी। उस कमरे में, जहाँ रामकृष्ण लेटे थे, पूजा होनी थी। ज्यादा-से-ज्यादा तीस शिष्य होंगे; मगर रामकृष्ण अपने पलंग से नहीं उठे। तब गिरीश घोष को प्रेरणा हुई कि संभवतया वे यह कह रहे हैं कि तुम्हें जहाँ माँ दिखाई दे, वहाँ पूजो। उन्होंने तुरंत पुष्प उठाए और परमहंस पर उड़ा दिए। देखते-ही-देखते सभी ऐसा ही करने लगे। फिर भी एक समूह ऐसा था, जो अतिभावुकतावाद को अध्यात्म नहीं मानता था। स्वयं रामकृष्ण

कहते थे, 'जब तक कोई सचमुच अपने आपको पूरी तरह समर्पित न कर दे, तब तक सब व्यर्थ है, ढकोसला है। और समर्पण भी स्वभाव का हिस्सा न बने, भीतर से न उठे तब तक कुछ भी किया जाए, वह भक्ति का हिस्सा नहीं बनता।'

स्वामी विवेकानंद का कहना था कि रामकृष्ण कठोर अनुशासन के महर्षि हैं। समाधि उनके आचरण और आस्था में अद्‌भुत सुंदर पुष्प है। यह बाह्याडंबरी भावुकतावाद नहीं है। जब लोग धर्म का अभ्यास करने लगते हैं, तो ८० प्रतिशत ठग हो जाते हैं, १५ प्रतिशत पागल हो जाते हैं। महज ५ प्रतिशत लोगों में सत्य या परमसत्य सीधे उतरता है या वे परमात्मा के अनुग्रही बनाते हैं। स्वामीजी ने ऐसे तमाम लोगों से तर्क किए, जो उपवास कर रहे थे या अल्प आहार ले रहे थे। उन्होंने ऐसे लोगों से कहा कि वे हिस्टीरिया में जाने से पहले अपनी भावनाओं पर नियंत्रण करना सीखें। उन्होंने इस बात को सिर्फ कहा ही नहीं, ऐसा बीड़ा उठाया कि सिर्फ भावना के रास्ते अपने को समाधिस्थ कहलाने की हिम्मत कई को छोड़नी पड़ी। नतीजतन दिखनौटे कम हो गए और गहरी आध्यात्मिकता में प्रगति हुई।

वर्ष १८८४ में एक बार रामकृष्ण स्टार थिएटर में एक नाटक देखने गए। उसमें एक अभिनेत्री चैतन्य बनी थी। उसका अभिनय इतना सजीव था, मानो स्वयं चैतन्य नृत्य कर रहे हों। रामकृष्ण ने उसकी काफी प्रशंसा की थी। यहाँ तक कि चैतन्य की चर्चा करते हुए वे समाधिस्थ हो गए थे। उस अभिनेत्री को भी तब यह अवसर मिला था कि वह परमहंस को प्रणाम करे। उसने जब सुना कि परमहंस को कैंसर हो गया है तो वह फिर प्रणाम करने आई। यह वह दौर था जब थिएटर की अभिनेत्री की सामाजिक प्रतिष्ठा शून्य थी। उसमें और गणिका में भेद नहीं किया जाता था। इसलिए वह सीधे तो रामकृष्ण के कक्ष में

दाखिल नहीं हो सकती थी। उसने इस काम के लिए परमहंस के एक शिष्य कालीपद घोष को चुना। वे गिरीश घोष के परम मित्र थे।

इन लोगों ने तय किया कि वह तत्कालीन समय के पुरुषों की वेशभूषा में रामकृष्ण के दर्शन करे। संयोग था कि तब कक्ष में कोई नहीं था। रामकृष्ण को बताया गया कि वास्तव में वह कौन है? इस पर रामकृष्ण बहुत हँसे। इतना ही नहीं, उसे उन्होंने पैर छूने की इजाजत भी दे दी। उसने अपना भाल परमहंस के चरणों में रखा, अश्रुपुष्प चढ़ाए और लौट गई।

परमहंस का स्वास्थ्य ठीक होने के बजाय दिन-ब-दिन गिरता जा रहा था। डॉ. सरकार की राय थी कि कलकत्ता के प्रदूषण की वजह से उन्हें ठीक होने में दिक्कत हो रही है। कलकत्ता से बाहर कोई मकान लेकर इन्हें रखा जाए। अत: ११ दिसंबर, १८८५ को कोसीपोर रोड पर मकान लिया गया। उसका किराया श्यामपुकुर के मकान से ज्यादा था, यानी ८० रुपए मासिक। रामकृष्ण ने तब सुरेंद्रनाथ मित्र को बुलाया और कहा कि किराए का जिम्मा तुम्हारा, ताकि गरीब शिष्यों पर इसका भार न पड़े। यह मकान दुमंजिला और काफी प्रशस्त व बड़ा था। करीब साढ़े चार एकड़ में फैला। इसके उपवन में कई पेड़ थे—फलों के भी और सब्जियों के भी।

नरेंद्र ने युवा साथियों से कहा कि अब तय करना होगा कि इनके पास कौन रहेगा। नरेंद्र के पास भी अधिक समय नहीं होता था। उनके पिता के दिवंगत हो जाने के बाद घर की जिम्मेदारी उन पर आ गई थी। ज्यादातर लड़के नरेंद्र पर भरोसा करते थे; मगर उनमें संशय भी था कि क्या हम सभी इसीलिए यहाँ आए थे? क्या जितने भी यहाँ आए हैं, भिक्षु बनने के लिए ही आए? अचानक अफवाह फैली कि रामकृष्ण की बीमारी छूत की बीमारी है। लड़कों में आतंक फैल गया।

नरेंद्र ने सुना तो उसने युवाओं को खूब फटकार लगाई। इतना ही नहीं, रामकृष्ण को एक कप में कुछ पीने के लिए दिया जा रहा था। संभवतया किसी फल का रस था। इतने में परमहंस की लार उसमें गिर गई। नरेंद्र ने दौड़कर प्याला झपटा और पी गए।

एक रात नरेंद्र को नींद नहीं आ रही थी। शरत अपने कुछेक साथियों से कह रहा था—बाहर चलो, उपवन में टहलते हैं। वहीं गपशप करेंगे। ये लोग चर्चा कर रहे थे कि नरेंद्र ने कहा—परमहंस का स्वास्थ्य बेहद खराब है। कौन जाने, उन्होंने अपना मन शरीर त्यागने का ही बना लिया हो। इसलिए हम जितनी आध्यात्मिक प्रगति कर सकें, जितनी उनकी सेवा कर सकें, कर लें। चाहे वह समर्पण से हो, ध्यान से हो, चाहे कैसे भी। देखते-ही-देखते दिन पखेरू की तरह उड़ते जा रहे हैं। नरेंद्र एक पेड़ के नीचे बैठ गए। उनकी देखा-देखी सभी ने पेड़ों का आश्रय ले लिया। सूखे पत्ते और टहनियाँ इकट्ठी थीं ही। नरेंद्र ने कहा, 'इन्हें प्रज्वलित किया जाए, ताकि हमारी सांसारिक इच्छाएँ इसमें भस्म हो जाएँ।'

माँ शारदा श्यामपुकुर में रसोई अकेले सँभालती थीं, मगर नई व्यवस्था में रामकृष्ण की भतीजी लक्ष्मीदेवी भी साथ आ गईं। इधर डॉ. राजेंद्रनाथ दत्त ने परमहंस का इलाज शुरू कर दिया। वे कलकत्ता में होम्योपैथी की शुरुआत करनेवाले डॉक्टर थे। उन्होंने परमहंस को लाइकोपोडियम-२०० देनी शुरू की। इसका जल्दी ही अच्छा असर हुआ। यहाँ तक कि शिष्यों को भरोसा होने लगा कि परमहंस जल्दी ही स्वस्थ हो जाएँगे।

रामकृष्ण का प्रेम अपने शिष्यों के प्रति दिनोदिन और गहराता जा रहा था। कालीपद घोष के सीने को छूते हुए उन्होंने कहा, 'तुम्हारी आत्मा सजग हो जाए।' उन्होंने दो महिलाओं को भी भावातीत आशीष

दिए। वे जार-जार रोने लगीं। शाम को उन्होंने महेंद्रनाथ से पूछा, 'ठीक होने में कितना वक्त लगेगा?' रामकृष्ण कभी तो आश्चर्य जताते और कभी अधीर हो जाते। एक बार माँ शारदा उनके लिए चावल बना लाईं। उन्होंने पूछा, 'यह सब क्या है? एक सा भोजन करते-करते मैं ऊब गया हूँ। इसका मतलब यह है कि मैं जीवन के अंतिम दिन इतने कष्ट में गुजारूँ?'

पं. शशधर आए। उन्होंने रामकृष्ण से कहा, 'शास्त्र कहते हैं कि आप जैसा परमहंस अपनी आत्मशक्ति से भौतिक व्याधियों पर विजय प्राप्त कर सकता है। आप स्वयं कोशिश क्यों नहीं करते?' परमहंस का जवाब था, 'तुम अपने आपको पंडित कहते हो और ऐसे सुझाव देते हो। यह दिमाग तो ईश्वर को दिया जा चुका है। मैं उससे इसे कैसे लूँ? और वह भी इस तुच्छ देह के लिए।' शशधर निरुत्तर होकर चुप हो गए। थोड़ी देर में जब पंडितजी चले गए तो नरेंद्र और मित्रों ने परमहंस से कहा, 'अपनी खातिर न सही, हम सबकी खातिर ही सही, एक बार अपने आपको स्वस्थ कर लीजिए।' रामकृष्ण ने कहा, 'यह सही है कि मैं स्वस्थ होना चाहता हूँ, मगर यह सब माँ की इच्छा पर निर्भर है।' नरेंद्र ने शाम को परमहंस से पूछा, 'क्या आपने माँ से स्वस्थ होने की प्रार्थना की?' परमहंस ने कहा, 'हाँ, मैंने माँ से कहा, मुझे बहुत दर्द है। खाने में बहुत पीड़ा होती है। कुछ ऐसा कर दें कि थोड़ा-बहुत भीतर जा सके। उसने कहा—तो फिर तुम इतने सारे मुँह से क्यों खाते हो? इस पर मैं झेंप गया और मेरे मुँह से एक भी शब्द और नहीं निकला।'

रामकृष्ण ने अपने देह-त्याग के बारे में दक्षिणेश्वर में ही काफी कुछ कह दिया था। उन्होंने कहा था, 'यदि तुम देखो कि मैं रातें कलकत्ता में बिता रहा हूँ; जो भी मुझे कुछ दे रहा है, वह खा रहा हूँ, तब तुम जान लेना कि मेरा समय आ गया है। मगर जाने से पहले मैं

अपनी हर गोपनीयता हवा से कह जाऊँगा, ताकि जब भी कोई मुझे जानना चाहे तो माँ की इच्छा से वह मेरा दर्शन कर सके।' १ जनवरी, १८८६ को रामकृष्ण ने इच्छा जताई कि वे बाहर मैदान में टहलेंगे। उन्हें थोड़ा ठीक लग रहा है। बाहर एक पेड़ के नीचे गिरीश घोष अपने कुछ साथियों के साथ चर्चा में मशगूल थे। परमहंस को देखा तो मिलने चले आए। रामकृष्ण ने उनसे कहा, 'भाई, तुमने मुझमें ऐसा क्या देखा है, जो लोगों को सताते रहते हो?' इतना ही नहीं, गिरीश ने जो बातें कही थीं—सब सुना दीं। गिरीश पैरों में गिर पड़ा। और भी साथी थे, सब अविरल अश्रु समेटते उनके चरणों में थे। परमहंस को समाधि लग गई। वे सब भी अतींद्रिय आनंद में थे। भूल ही गए कि परमहंस को छूना नहीं है। वे उनकी चरण-कमल रज लेने लगे और जोर का निनाद किया—जय रामकृष्ण! और परमहंस भी उन्हें स्पर्श कर सभी को संज्ञा में लाने लगे।

२ जनवरी को नरेंद्र को अद्‍भुत अहसास हुआ। दो दिन बाद उन्होंने महेंद्रनाथ को यह बात बताई। उन्होंने बताया, 'मैं पिछले शनिवार को ध्यान कर रहा था। मुझे लगा, कुंडलिनी जाग्रत् हो गई है। मेरा ध्यान इड़ा और पिंगला नाड़ियों पर था। कल ही मैं परमहंस से कह रहा था, कई लोगों को आध्यात्मिक अहसास हुआ है। क्या मैं ऐसा ही असंतुष्ट रह जाऊँगा? उन्होंने कहा, तुम मूर्ख हो। उन सबके अहसासों से भी ऊपर एक स्थिति है। वहाँ तक सिर्फ ईश्वर कोटि के ही लोग पहुँच सकते हैं। ज्यादा-से-ज्यादा लोग समाधि तक पहुँचते हैं।'

जो थोड़ा-बहुत सुधार रामकृष्ण में दिखाई दे रहा था, वह खत्म हो गया। इतना ही नहीं, बीमारी तेजी से फैलने लगी। उनका शरीर सूखकर काँटा हो गया। वे ढाँचा भर रह गए थे। बड़ी मुश्किल से कान पास ले जाकर ही कुछ सुना जा सकता था। कई बार तो वे सिर्फ संकेतों

में ही अपनी बात कह पाते। उन्होंने नरेंद्र से कहा, 'मैं सभी नवयुवकों को तुम्हारे जिम्मे छोड़ता हूँ। देखते रहना कि वे ध्यान करते रहें। उन्हें घर मत जाने देना, यानी लौटने मत देना।' रामकृष्ण ने कुछ नवयुवकों से कहा कि वे कलकत्ता के कुछ घरों से भिक्षाटन करके लाएँ और फिर पकाएँ। उन सबको इसमें बड़ा मजा आया। ऐसा जेन फकीर और बौद्ध भिक्षु किया करते हैं। इसके पीछे कारण यह है कि तुम्हारे भीतर का 'मैं' पूरी तरह सदा के लिए समाप्त हो जाए। उन्होंने भी ऐसा करवाया। इतना ही नहीं, जब उन लोगों ने भिक्षाटन से प्राप्त अन्न को पकाया तो रामकृष्ण ने उसमें से अन्न चखा भी।

१४ मार्च को रामकृष्ण ने महेंद्रनाथ को बुलाकर कहा, 'मैं इतनी व्याधि इसलिए झेल रहा हूँ कि मुझे लगता है कि यदि मैंने तुम्हें छोड़ दिया तो तुम लोग बहुत रोओगे, मगर यदि तुम सब मुझसे कहो कि बहुत दुःख उठा लिया, अब इस शरीर को जाने दो तो मैं इसे आज्ञा दे दूँगा।'

नरेंद्र, महेंद्रनाथ और अन्य शिष्य खड़े थे। महेंद्रनाथ ने कहा, 'हम सबकी ओर से कह रहे हैं कि देह-त्याग न करें।' रामकृष्ण मुसकराए। नरेंद्र ने कहा, 'कुछ लोग संन्यास के नाम से ही नाराज हो रहे हैं।' रामकृष्ण ने कहा, 'फिर भी किसी को संन्यास लेना पड़ेगा। यदि तुम हर चीज को ईश्वर से लबालब देखते हो तो उसमें नाराजगी कहाँ आड़े आती है।' नरेंद्र ने कहा, 'तो संसार?' 'अरे, यदि तुम केवल ईश्वर को देख रहे हो तो संसार कहाँ दिखाई पड़ता है।' उन्होंने कहा, 'मैंने पहले भी कहा है, ज्ञान हो जाने पर संसार में रहा जा सकता है, परंतु पहले ज्ञान लाभ करना चाहिए। संसार रूपी जल में मन रूपी दूध का दही बनाकर निर्जन में उसे मथकर उससे मक्खन निकालकर तब उसे संसार रूपी पानी में रखना चाहिए। इससे स्पष्ट है कि साधना चाहिए।'

माँ शारदा समझ गई थीं कि चिकित्सा विज्ञान असफल हो गया

है। अब रामकृष्ण को बचाना मुश्किल है। वे ताड़केश्वर के शिवमंदिर गईं। वहाँ दो दिन बिना खाए-पिए पड़ी रहीं। दूसरे दिन की रात तंद्रा जैसी अवस्था की थी। बाद में उन्होंने खुद बताया कि जोरदार आवाज हुई। फिर किसी ने कहा—पति क्या होता है? पत्नी क्या होती है? ये सांसारिक रिश्ते क्या होते हैं? मैं अपने आपको क्यों मार रही हूँ? मैं लौटी तो परमहंस ने पूछा, 'क्यों, जो लेने गई थीं, मिला?' माँ शारदा ने पूछा—क्या लेने गई थी। 'वही जो शिवमंदिर में लेने गई थीं।' फिर उन्होंने ही कहा—तुम वहाँ से खाली हाथ लौटी हो।

एक शाम नरेंद्र ध्यान कर रहे थे। उन्हें लगा, जैसे उनके सिर के पीछे लालटेन भभक गई है और उसका प्रकाश फैलता जा रहा है। नरेंद्र को समाधि लग गई। धीरे-धीरे जब उनकी संज्ञा लौटी तो उन्हें लगा, उनका शरीर है ही नहीं, महज सिर है। वे चिल्लाने लगे—मेरा बदन कहाँ गया? उनकी आवाज सुनकर गोपाल घोष दौड़कर आए। उन्होंने पूछा—क्या हुआ, नरेंद्र? इतने में रामकृष्ण आए, उन्होंने कहा—इसे इसी दशा में रहने दो। इस दशा में आने के लिए इसने मुझे बहुत तंग किया है। नरेंद्र को अपरिमित शांति का बोध हुआ। वे दौड़कर रामकृष्ण के कक्ष में गए। उन्होंने कहा—माँ ने तुम्हें सब बता दिया। बाद में परमहंस ने शिष्यों से कहा, 'नरेंद्र अपनी इच्छा से अपना शरीर त्यागेगा। जल्दी ही वह विश्व-विजय करने वाला है। मैं कोशिश करूँगा कि उसकी आँखों पर थोड़ी-बहुत माया पड़ी रहे। हालाँकि परदा बेहद झीना है, वह कभी भी गिर सकता है।'

रामकृष्ण मुश्किल से बोल पा रहे थे। उन्होंने लिखकर बात करना शुरू कर दिया था। उन्होंने लिखा—नरेंद्र दूसरों को पढ़ाएगा। १५ अगस्त, रविवार के दिन रामकृष्ण ने माँ शारदा को बुलाया। उनकी नाड़ी रुक-रुककर चल रही थी। साँस लेने में तकलीफ हो रही थी। माँ

लक्ष्मी के साथ आईं और सिरहाने खड़ी हो गईं। रामकृष्ण ने कहा, 'मेरे जाने का समय आ गया है। तुम ज्यादा व्यथित मत होना। तुम्हारी देखभाल नरेंद्र और नवयुवक करते रहेंगे। तुम्हें कोई कष्ट नहीं होगा। जैसे ये मेरे प्रति अनुरक्त, आसक्त और भक्त बने रहे, वैसे ही तुम्हारे प्रति भी रहेंगे। लक्ष्मी का ध्यान रखना।' माँ शारदा रोने लगीं।

शाम को सभी ने उन्हें तरल भोजन देने की कोशिश की, मगर सब व्यर्थ। वे पिलाते और मुँह से गिर जाता। थोड़ी ही देर में रामकृष्ण समाधि में चले गए। शरीर अकड़ गया। शिष्यों को लगा, यह महासमाधि है; मगर आधी रात के करीब उन्होंने आँखें खोलीं, फिर उन्होंने फल का थोड़ा सा रस पिया। काली का तीन बार नाम-स्मरण किया। वे पर्याप्त चेतना में लग रहे थे। थोड़ी ही देर में उनकी आँखों की पुतलियाँ नासिका के अग्र भाग पर केंद्रित होकर ठहर गईं। चेहरे पर हमेशा की तरह मुसकराहट आई और ठिठक गई। १६ अगस्त, १८८६, सोमवार की सुबह करीब १ बजकर २ मिनट पर परमहंस ने महासमाधि ले ली; मगर उनके शिष्यों की आँखों में अश्रु नहीं थे। वे उनकी अंत्येष्टि से लौटे, तब भी नहीं। सिर्फ एक आवाज उठ रही थी—जय श्री रामकृष्ण!

माँ शारदा परंपरागत तरीके से चूड़ियाँ उतार रही थीं कि रामकृष्ण दिखाई दिए। उन्होंने माँ से कहा, 'तुम भी! तुम समझती हो कि मैं मर गया।' इसी वजह से माँ शारदा ने आजीवन छोटे लाल बॉर्डर की साड़ी पहनी। वे पूरी तरह सफेद साड़ी नहीं पहनती थीं। नरेंद्र, हरीश और अन्य साथी बाहर खड़े थे। एक सप्ताह बीता था। नरेंद्र ने आहट सुनी, प्रकाश देखा। उसे लगा, परमहंस खड़े हैं; पर वह संभ्रम होगा, यह सोचकर खड़ा रहा। इतने में हरीश चीखा—कोई है! सभी उस तरफ दौड़े कि एक ज्योति तेजी से गायब होती हुई चमेली के फूलों में समाहित हो गई। □

जीवन-वृत्त

- वर्ष १७७५ खुदीराम का जन्म
- वर्ष १७९१ चंद्रादेवी का जन्म
- वर्ष १८०५ रामकुमार का जन्म
- वर्ष १८१४ खुदीराम कामारपुकुर पहुँचे
- वर्ष १८२६ रामेश्वर का जन्म
- वर्ष १८३५ खुदीराम की गया यात्रा
- वर्ष १८३६ रामकृष्ण परमहंस का जन्म
  (१८ फरवरी सुबह करीब ५ बजकर १५ मिनट)
- वर्ष १८४३ खुदीराम का देहावसान
- वर्ष १८४५ रामकृष्ण का यज्ञोपवीत संस्कार
- वर्ष १८५२ रामकृष्ण का कलकत्ता आगमन
- वर्ष १८५३ माँ शारदा का जन्म
- वर्ष १८५५ दक्षिणेश्वर में काली मंदिर की स्थापना, रामकृष्ण को पहले विष्णु मंदिर, फिर काली मंदिर का पुजारी बनाया गया।
- वर्ष १८५६ रामकुमार का निधन। रामकृष्ण की पहली भाव-समाधि
- वर्ष १८५७ गंगाप्रसाद द्वारा रामकृष्ण का इलाज
- वर्ष १८५८ रामकृष्ण कामारपुकुर गए

- वर्ष १८५९ रामकृष्ण का विवाह
- वर्ष १८६० दक्षिणेश्वर आगमन
- वर्ष १८६१ रानी रासमणि का निधन

  ब्राह्मणी के सान्निध्य में तंत्र अभ्यास
- वर्ष १८६४ रामकृष्ण का वात्सल्य भाव, मधुर भाव का अभ्यास
- वर्ष १८६६ इसलामी तरीके से अभ्यास
- वर्ष १८६८ तीर्थाटन
- वर्ष १८७० मथुर बाबू के साथ यात्रा
- वर्ष १८७१ मथुर बाबू का निधन
- वर्ष १८७२ माँ शारदा का दक्षिणेश्वर आगमन
- वर्ष १८७५ केशवचंद्र सेन से रामकृष्ण पहली बार मिले
- वर्ष १८७७ केशवचंद्र सेन से निकटता
- वर्ष १८७८ }
- वर्ष १८७९ } शिष्यों का आना
- वर्ष १८८० राखाल और नरेंद्र से भेंट
- वर्ष १८८५ पनिहटी गाँव की अंतिम यात्रा
- वर्ष १८८६ महासमाधि

  (१६ अगस्त, १ बजकर २ मिनट)

□□□